甘肃省高水平专业群（智慧财经专业群）建设计划项目系列教材
校企合作新形态教材
21世纪经济管理新形态教材·工商管理系列

智能审计实务

主　编 ◎ 张常俊
副主编 ◎ 孙鸿杰　朱亚萍　屠　鸣　祁小健
　　　　 白洺语　马丽丽　邵　燕

清华大学出版社
北京

内 容 简 介

本书分为上、中、下篇。上篇为审计综合业务,包含审前尽职调查、承接审计业务、组织审计业务、审计业务执行、审计业务协调、审计业务复核及审计报告编制。中篇为购产销业务循环审计,包含审计销售与收款业务循环、审计采购与付款业务循环、审计生产与存货业务循环。下篇为资金业务循环审计,包含工薪业务审计、货币资金审计、投资与筹资业务循环审计。本书采用工作体系的项目、任务结构形式,能够按照工作过程的逻辑来组织教学,实现教、学、做一体化,为审计工作者提供审计全过程的理论指导。

本书可作为高等职业院校财经类专业的教学用书,也可作为相关企业审计岗位的培训和自学用书。

本书封面贴有清华大学出版社防伪标签,无标签者不得销售。
版权所有,侵权必究。举报: 010-62782989, beiqinquan@tup.tsinghua.edu.cn。

图书在版编目(CIP)数据

智能审计实务 / 张常俊主编. -- 北京: 清华大学出版社, 2025.4.
(21世纪经济管理新形态教材). -- ISBN 978-7-302-68811-2
Ⅰ. F239.0-39
中国国家版本馆 CIP 数据核字第 20256TP202 号

责任编辑:徐永杰
封面设计:汉风唐韵
责任校对:王荣静
责任印制:刘海龙

出版发行:清华大学出版社
网　　址:https://www.tup.com.cn, https://www.wqxuetang.com
地　　址:北京清华大学学研大厦A座　　　邮　编:100084
社 总 机:010-83470000　　　邮　购:010-62786544
投稿与读者服务:010-62776969, c-service@tup.tsinghua.edu.cn
质量反馈:010-62772015, zhiliang@tup.tsinghua.edu.cn
印 装 者:三河市天利华印刷装订有限公司
经　　销:全国新华书店
开　　本:185mm×260mm　　　印　张:14　　　字　数:257千字
版　　次:2025年5月第1版　　　印　次:2025年5月第1次印刷
定　　价:49.80元

产品编号:104007-01

前言

随着科技的快速发展，人工智能技术在各个领域的应用越来越广泛。审计行业也紧跟时代步伐，逐步引入人工智能技术，以提高审计效率和质量。然而，如何将人工智能技术与审计实务相结合，是一个亟待解决的问题。本书正是在这样的背景下应运而生，旨在为读者提供智能审计的理论知识和实践指导。

本书主要介绍了审计的基本概念、技术原理、应用场景和实践案例。其具体内容包括审计实施流程、风险控制、实际应用等。通过学习本书，读者可以对智能审计有一个全面、深入的了解，为今后从事相关领域的工作奠定基础。

本书的知识框架主要包括以下几个部分。

(1) 审计概述。介绍审计的基本概念和技术基础。

(2) 审计实施流程。详细阐述审计的实施流程，包括审计准备、数据采集、数据分析、风险评估和报告编制等环节。

(3) 审计风险控制。分析审计工作面临的风险和挑战，并提出相应的风险控制措施。

本书由多位作者共同撰写，各位作者承担的具体任务如下：张常俊负责教材的整体策划和组织，以及项目1的撰写；孙鸿杰负责项目11、项目12、项目13的撰写；朱亚萍负责项目5的撰写；屠鸣负责项目8、项目9、项目10的撰写；祁小健负责项目6、项目7的撰写；白洺语负责项目2、项目3的撰写；马丽丽负责项目4的撰写；邵燕负责图片编辑、校对及统稿、整理工作。

本书在编写过程中，得到了各位领导、同事的大力支持和关心。在此，对所有关心、支持和帮助过我们的人表示衷心的感谢！感谢领导们给予的指导和鼓励，感谢同事们的通力配合！正是因为有了你们的支持与鼓励，我们才得以顺利完成本书的编写工作。

  本书的编写是一项艰巨而富有挑战的任务。在编写过程中,我们力求做到内容全面、深入浅出、案例丰富、逻辑严密。然而,由于时间紧迫和水平有限,本书难免存在不足之处。恳请广大读者批评指正,以便我们不断改进和完善。最后,希望本书能够为读者提供有益的参考和帮助,为推动智能审计事业的发展贡献一份力量!

编 者

2024 年 12 月

目录

上篇　审计综合业务

项目1　审前尽职调查　/　3
　　任务1-1　收集客户基本信息　/　4
　　任务1-2　调查客户财务状况　/　6
　　任务1-3　调查行业基本情况　/　9
　　任务1-4　调查业务运营模式　/　10
　　任务1-5　调查税务政策与环境　/　11

项目2　承接审计业务　/　13
　　任务2-1　判断是否接受委托　/　13
　　任务2-2　识别业务承接风险　/　15
　　任务2-3　谈判与签订协议　/　16

项目3　组织审计业务　/　19
　　任务3-1　组织项目审前业务培训　/　19
　　任务3-2　识别与分析重要账户　/　22
　　任务3-3　统筹安排人员与时间　/　24
　　任务3-4　修改与完善业务计划　/　26

项目 4　审计业务执行 / 28

关键执行环节之一——内部控制测试程序 / 32

　　任务 4-1　询问内部控制主要事项 / 34
　　任务 4-2　观察内部控制活动 / 35
　　任务 4-3　检查内部控制运行状况 / 36
　　任务 4-4　重新执行内部控制制度 / 37

关键执行环节之二——实质性测试程序（最重要的一项工作） / 38

　　任务 4-5　询问业务事项和人员 / 38
　　任务 4-6　检查会计记录和账户 / 40
　　任务 4-7　实地观察业务活动 / 41
　　任务 4-8　重点账户实施函证 / 42
　　任务 4-9　重新计算需要验证的账户 / 43
　　任务 4-10　实施实质性分析程序 / 43

项目 5　审计业务协调 / 45

　　任务 5-1　与客户高管层进行沟通 / 45
　　任务 5-2　重大审计会计事项沟通 / 48
　　任务 5-3　项目访谈与备忘录编制 / 50
　　任务 5-4　项目指令与业务督导 / 53

项目 6　审计业务复核 / 56

　　任务 6-1　项目组内业务复核 / 56
　　任务 6-2　项目合伙人重点复核 / 58
　　任务 6-3　项目质量控制复核 / 59

项目 7　审计报告编制 / 62

　　任务 7-1　审计调整和试算平衡表 / 63
　　任务 7-2　审计差异汇总和分析 / 69
　　任务 7-3　项目业务整体情况总结 / 69
　　任务 7-4　标准审计报告编写 / 71

中篇　购产销业务循环审计

项目 8　审计销售与收款业务循环　/　77
　　任务 8-1　审计应收账款业务　/　78
　　任务 8-2　审计应收票据业务　/　80
　　任务 8-3　审计预收账款业务　/　84
　　任务 8-4　审计营业收入业务　/　87
　　任务 8-5　审计应交税费业务　/　94
　　任务 8-6　审计其他应收款业务　/　99
　　任务 8-7　审计税金及附加业务　/　101

项目 9　审计采购与付款业务循环　/　104
　　任务 9-1　审计应付账款业务　/　105
　　任务 9-2　审计应付票据业务　/　110
　　任务 9-3　审计预付账款业务　/　113
　　任务 9-4　审计其他应付款业务　/　116
　　任务 9-5　审计固定资产业务　/　118
　　任务 9-6（上）　审计在建工程业务　/　141
　　任务 9-6（下）　审计工程物资业务　/　146
　　任务 9-7　审计无形资产业务　/　148
　　任务 9-8　审计长期待摊费用业务　/　154
　　任务 9-9　审计销售费用业务　/　156
　　任务 9-10　审计管理费用业务　/　158

项目 10　审计生产与存货业务循环　/　162
　　任务 10-1　审计材料采购业务　/　163
　　任务 10-2　审计原材料业务　/　165
　　任务 10-3　审计库存商品业务　/　167
　　任务 10-4　审计生产成本业务　/　169
　　任务 10-5　审计制造费用业务　/　171

任务 10-6　审计营业成本业务　/　172

下篇　资金业务循环审计

项目 11　工薪业务审计　/　177

任务 11-1　了解企业人资政策　/　177

任务 11-2　计提发放　/　179

任务 11-3　其他形式的审计　/　185

项目 12　货币资金审计　/　188

任务 12-1　库存现金业务审计　/　189

任务 12-2　银行存款业务审计　/　195

任务 12-3　其他货币资金业务审计　/　200

项目 13　投资与筹资业务循环审计　/　202

任务 13-1　长期股权投资审计　/　203

任务 13-2　交易性金融资产审计　/　206

任务 13-3　短期借款审计　/　207

任务 13-4　长期借款审计　/　212

任务 13-5　应付债券审计　/　213

参考文献　/　215

上篇
审计综合业务

项目1　审前尽职调查

知识目标

1. 了解税务政策与环境调查的内容。
2. 熟悉尽职调查的内容和方式。
3. 熟悉行业基本情况调查的内容。
4. 了解业务运营模式调查的内容。
5. 掌握偿债能力、营运能力、盈利能力的指标及其计算公式。

技能目标

1. 了解核实基本业务信息真实性的方法。
2. 掌握企业偿债能力、营运能力、盈利能力的分析方法并了解企业的会计政策。
3. 熟悉行业概览、监管体制、竞争状况和基本数据四方面信息的收集方法。
4. 熟悉企业采购、销售环节。
5. 了解企业所在行业的税收优惠政策、企业涉税种类并核实税种及税率。

思政目标

培养学生立志高远、积极进取的奋斗精神，促使其不断学习会计、审计、经济管理、金融、财政、税务、统计、投资、评估等审计工作需要的相关知识。

思维导图

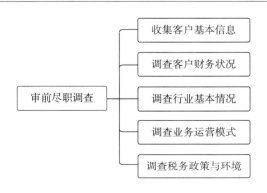

任务 1-1　收集客户基本信息

一、业务了解

尽职调查，又称谨慎性调查，是指投资者作出收购决定之前，经被收购方同意，对目标企业的所有相关事宜进行现场调研、数据分析等活动。尽职调查产生的缘由是解决目标企业和投资者之间的信息不对称问题，但伴随社会经济的快速发展，尽职调查还被用于对外投资（含收购）、在证券市场上进行证券发行及资产重组包括企业IPO（首次公开募股）、企业向银行申请融资信贷等经济活动。在对外投资与收购活动中通过尽职调查收集、整理、分析所有关于该投资的重要资料，协助投资者作出合理的商业决定；在证券市场上进行证券发行或资产重组，包括IPO上市，需要由会计师事务所等专业服务机构事先从业务、法律、财务方面进行调查，以了解企业是否具备重组或上市的条件；此外，企业向银行等金融机构申请融资信贷时，金融机构一般也会要求进行尽职调查，以评价企业的经营状况及还款能力。

本书中的审前尽职调查，通常是审前准备阶段的一项重要内容，是指在下发审计通知书之前，就审计的内容范围、方式和重点，到被审计单位及相关单位进行调查，了解其基本情况，以掌握第一手资料的一项活动。该活动的目的是帮助会计师事务所合伙人谨慎地判断是否接受该客户关系和具体审计业务。

尽职调查的重点并不仅仅是企业的财务数据，而是更要关注企业的非财务信息。调查人员需要汇总从不同渠道和方法取得的信息，并综合评判、整理、提炼、汇总出对决策有用的信息，从而使尽职调查结果充分、真实、完整。检查范围除账务处理准确性、资产真实性、现金流合理性外，还需包括内部控制是否存在且得到有效执行等内容。

二、业务要点

（1）收集并整理基本业务信息。
（2）核实基本业务信息。

三、知识点

尽职调查需要查找并收集企业所有财务、法律业务相关的详细资料，并进行整理、统计、分析；同时还需要前往企业进行现场调查，对企业的高管、股东、核心技术人员进行访谈，确保尽职调查中取得的信息真实、完整、有效。审计人员在全方面了解企业的基本情况后，对获得的信息和资料进一步对比、验证、核实。审前尽职调查的结果，通常会形成书面尽职调查报告，作为审计工作底稿的组成部分。

虽然被调查企业的规模、所属行业千差万别，但是，注册会计师进行审前尽职调查的清单通常包括如下几方面的资料。

（1）企业基本信息。其主要内容包括：企业成立背景及情况介绍；企业历史沿革；企业成立以来股权结构的变化及增资和资产重组情况；企业对外投资情况，包括投资金额、投资比例、投资性质、投资收益等情况和被投资主要单位情况介绍；企业员工状况，包括年龄结构、受教育程度结构、岗位分布结构和技术职称分布结构；董事、监事及高级管理人员的简历；企业股利发放情况和企业的股利分配政策；企业实施高级管理人员和职工持股计划情况。

（2）企业组织结构。其主要内容包括：企业建立的组织管理结构；企业章程；企业董事会的构成，董事、高级管理人员和监事会成员在外兼职情况；企业股东结构，主要股东情况介绍；企业和上述主要股东有无关联交易。

（3）业务情况。其主要内容包括：采购模式及概况；销售模式及概况；核心技术及专利情况；同行业地位以及竞争情况等。

（4）客户近两年的经营成果和财务状况。其主要内容包括：近两年经营情况；主要资产；主要负债；主要客户和供应商；内部控制建设情况；对外担保情况等。

（5）企业主要的会计政策。其主要内容包括：营业收入确认政策；营业成本结转方式；应收款项坏账准备计提方式；固定资产折旧计提方式；无形资产摊销计提方式；金融工具的确认与计量；存货的确认与计量等。

（6）与其他方沟通情况。其主要内容包括：与前任注册会计师发函时间、回函时间及内容；变更事务所的真实原因；与当地证监局、交易所的沟通情况；与实际控制人、管理层沟通审计范围、期间和报告用途以及出具报告时间要求及审计费用等。

（7）存在问题以及预计解决方式。其主要内容包括：内控缺陷、财务核算、大股东及其关联方资金占用等。

（8）税收政策与税收优惠情况。

（9）被立案调查、行政处罚情况。

（10）上期审计报告意见类型。

任务1-2 调查客户财务状况

一、业务了解

审计助理人员对一个企业财务状况的了解与调查,主要从该企业的财务报告入手。财务报告是企业对外提供的反映企业某一特定日期的财务状况和某一会计期间的经营成果、现金流量等会计信息的文件。通过将财务报表重新分解为各个项目具体分析,可以揭示企业各种管理活动与经营活动和财务状况之间的内在联系,恰当把握企业的财务状况和发展趋势,为信息使用者决策提供有效依据。

实务中,一套完整的财务报告应当包括资产负债表、利润表、现金流量表、所有者权益变动表和其他应当披露的相关信息和资料,如报表附注等。

资产负债表是反映企业在某一特定日期财务状况的报表,集中反映企业在特定日期所拥有或控制的全部经济资源、所承担的全部债务以及所有者对企业净资产要求权的会计信息。

利润表是反映企业在一定会计期间经营成果的会计报表,对一定时期的营业收入与同一会计期间相关的费用进行配比,从而计算出企业一定会计期间的净利润或净亏损。

现金流量表是反映企业在一定会计期间现金和现金等价物流入和流出情况的报表,体现企业获取现金和现金等价物的能力。

所有者权益变动表是反映构成所有者权益的各部分当期的增减变动情况的报表。

附注是指对资产负债表、利润表、现金流量表和所有者权益变动表等报表中列示项目的文字描述或明细资料,以及对未能在这些报表中列示项目的说明等。其包括企业重要会计政策的说明、重要会计估计的说明、差错更正的说明、或有事项和承诺事项等信息。

二、业务要点

(1)根据财务报表分析企业偿债能力。

(2)根据财务报表分析企业营运能力。

(3)根据财务报表分析企业盈利能力。

(4)根据财务报表附注了解企业会计政策。

三、知识点

（一）偿债能力分析

偿债能力是指企业清偿到期债务的能力。偿债能力分析可以分为短期偿债能力分析和长期偿债能力分析。

短期偿债能力是指企业用流动资产偿还到期流动负债的能力。其主要体现为企业储备的流动资产用于偿还日常到期债务的保障程度。实务中，对企业短期偿债能力的分析主要侧重于分析企业流动资产与流动负债的关系，以及资产变现速度的快慢。反映企业短期偿债能力的指标主要包括营运资金、流动比率、速动比率和现金比率等。

（1）营运资金。企业储备的流动资产扣除流动负债后剩余的金额就是营运资金。一个企业的营运资金越多，表明其短期偿债能力越强。其计算公式为

$$营运资金 = 流动资产 - 流动负债$$

（2）流动比率。流动比率是反映企业流动资产与流动负债的比率，表示每 1 元流动负债有多少流动资产作为偿还的保障。流动比率越大，表明企业的短期偿债能力越强，面临的财务风险就越小，债权人的合法权益就越有保障。其计算公式为

$$流动比率 = 流动资产 \div 流动负债 \times 100\%$$

（3）速动比率。速动比率是反映企业速动资产与流动负债的比率，表示每 1 元流动负债有多少速动资产作为偿还的保障。速动比率越高，对债务的偿还保障越强。然而，速动比率过高，表明其因拥有过多的货币性资产而可能失去一些有利的投资，从而导致其盈利能力下降。其计算公式为

$$速动比率 = 速动资产 \div 流动负债 \times 100\%$$

（4）现金比率。现金比率是指企业持有货币资金与流动负债的比率，反映企业直接偿还流动负债的能力。现金比率过低，反映了企业对目前需要偿还的款项存在困难；现金比率过高，反映了企业可立即用于支付债务的货币性资产较多。其计算公式为

$$现金比率 = 货币资金 \div 流动负债 \times 100\%$$

长期偿债能力是指企业偿还长期债务的能力。长期债务是指偿还期限在 1 年或者超过 1 年的一个营业周期以上的债务。其主要包括长期借款、应付债券和长期应付款等。反映企业长期偿债能力的指标主要为资产负债率。资产负债率指标越低，表明负债总额占全部资产的比例越小，债权人的债权就越有保障。其计算公式为

$$资产负债率 = 负债总额 \div 资产总额 \times 100\%$$

（二）营运能力分析

营运能力是指企业通过利用现有资源进行周转从而创造价值的能力，是衡量企业资产周转效率的重要指标。反映企业营运能力的指标主要有应收账款周转率、存货周转率、总资产周转率等。

（1）应收账款周转率。应收账款周转率是指年度内应收账款转为货币的平均次数，是反映应收账款变现速度的财务指标。应收账款周转率越高，表明企业应收账款回收越快，企业资金被外单位占用的时间越短，应收账款管理工作的效率越高。其计算公式为

$$应收账款周转率 = 营业收入 \div 应收账款平均余额 \times 100\%$$

$$应收账款周转天数 = 360 \div 应收账款周转率$$

（2）存货周转率。存货周转率是指企业一定时期营业成本（销货成本）与存货平均余额的比率。存货周转率越高，表明存货占用水平越低，存货流动性越强，存货转换为现金或应收账款的速度越快。分析一个企业存货周转率高低应结合同行业的存货平均水平和企业过去的存货周转情况进行综合评价。其计算公式为

$$存货周转率 = 营业成本 \div 存货平均余额 \times 100\%$$

$$存货周转天数 = 360 \div 存货周转率$$

（3）总资产周转率。总资产周转率是指企业一定时期的营业收入与总资产平均余额的比率，反映了企业总资产在一定时期内（通常为 1 年）的周转次数。企业总资产周转率越高，表明企业利用其全部资产进行经营的效率越高，企业的营运能力越强。其计算公式为

$$总资产周转率 = 营业收入 \div 总资产平均余额 \times 100\%$$

$$总资产周转天数 = 360 \div 总资产周转率$$

（三）盈利能力分析

盈利能力是指将企业实现的利润除以收入的结果。反映盈利能力的指标主要包括销售毛利率、销售净利率、净资产收益率等。

（1）销售毛利率。销售毛利率是指销售毛利除以销售收入的结果。其中，毛利是销售收入减去销售成本的差额。销售毛利率反映每 1 元销售收入扣除销售成本后有多少钱可以用于弥补各项期间费用及形成盈利。在分析企业销售毛利率时，应当与企业的目标毛利率、同行业平均水平及先进水平企业的毛利率进行比较，正确评价本企业的盈利能力。其计算公式为

$$销售毛利率 = 销售毛利 \div 销售收入 \times 100\%$$

$$销售毛利 = 销售收入 - 销售成本$$

（2）销售净利率。销售净利率是指将企业净利润除以营业收入的结果。销售净利率反映每百元营业收入中所赚取的净利润的数额。销售净利率越高，表明企业盈利能力越强。其计算公式为

$$销售净利率 = 净利润 \div 营业收入 \times 100\%$$

（3）净资产收益率。净资产收益率是指企业一定会计期间实现的净利润与平均净资产的比率。净资产收益率指标值越高，表明企业利用净资产实现的利润越多，盈利能力越强。其计算公式为

$$净资产收益率 = 净利润 \div 平均净资产 \times 100\%$$

（四）主要会计政策的调查

通过查阅财务报表附注的方式，对企业的会计政策进行调查，重点查看应收款项、存货、固定资产、无形资产、收入等会计政策。

任务1-3　调查行业基本情况

一、业务了解

企业和所在行业之间的关系是点与所在面的关系，企业的价值取决于企业的现在和以后收益，而行业的现状和进展趋势在很大程度上决定了行业内企业的现在和以后收益。行业调查是指对行业经济的运行状况、产品生产、销售、消费、技术、行业竞争力、市场竞争格局、行业政策等行业要素进行深入的了解，从而发现行业运行的内在经济规律，进一步预测未来行业发展的趋势。

二、业务要点

（1）了解企业发展前景。是否朝阳产业。

（2）了解企业竞争情况。企业所在行业是否饱和行业，竞争对手有谁，市场份额占多少。

（3）了解企业经营风险。产品市场需求程度、销量保证程度。

（4）了解企业政策风险。是否国家重点发展和支持的行业；是否高耗能、高污染行业。

三、知识点

通常情况下，审计助理人员应按照项目经理的要求，从行业概览、行业监管体

制、竞争状况和基本数据四个方面对所调查企业所处的行业进行调查与了解。

（1）行业概览。了解企业所在行业在国民经济中的地位；了解行业产业链并确认被调查企业在产业链的哪一环节。

（2）行业监管体制。查阅行业管理体制、定价体制、主要监管内容等规定，初步判定企业是否合规经营。

（3）竞争状况。了解企业行业市场份额、市场主要竞争对手、行业准入门槛，预判企业产品销量趋势。

（4）基本数据。根据企业基本数据了解所在行业的发展及特点，预测行业发展的趋势。

任务1-4 调查业务运营模式

一、业务了解

运营模式是指对企业经营过程的计划、组织、实施和控制，是与产品生产和服务创造密切相关的各项管理工作的总称。业务运营模式调查是指确认企业投入、转换、产出过程的真实性。审计实务中，对一个企业的业务运营模式调查主要包括采购模式和销售模式。

二、业务要点

（1）企业主要业务。了解企业的主要产品及主要生产工艺流程。

（2）企业采购模式。了解企业主要产品所使用的原材料价格、供应商，检查采购、运输合同，对原材料库存进行实地盘点。

（3）企业销售模式。检查企业产品价格批复文件，了解企业的主要客户，检查产品销售合同等资料。

三、知识点

通过了解企业主要产品及其工艺流程，可以帮助审计人员理解企业的盈利模式，进一步厘清对采购模式和销售模式的调查思路。

以燃煤电厂为例，其主要生产工艺流程如下（图1-1）。

（1）燃煤储存与输送。露天储煤场的燃煤通过传送带或铁路运输到锅炉房。在输送过程中，燃煤需要经过破碎、筛分和磁选等处理，以去除其中的杂质和铁块，确保燃煤的质量。

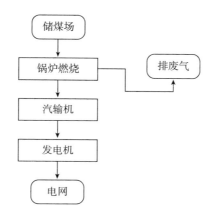

图1-1 燃煤电厂主要生产工艺流程

（2）锅炉燃烧。将处理过的燃煤送入锅炉中，与空气混合并在高温下燃烧。燃烧产生的热能加热锅炉中的水，使其变成高温高压的蒸汽。

（3）蒸汽生成与轮机转动。高温高压的蒸汽从锅炉进入汽轮机，驱动汽轮机旋转。汽轮机的旋转动力通过传动装置传递给发电机，使发电机转动并产生电能。在这个过程中，蒸汽的热能转化为机械能，再转化为电能。

（4）发电与变电。发电机产生的电能需要经过变压器升压，然后通过输电线路输送到电网中。在这个过程中，需要对电能进行监测和控制，以确保其质量和稳定性。

（5）废气处理与排放。锅炉燃烧产生的烟气中含有大量污染物，对其进行除尘、脱硫、脱硝等处理，处理后的烟气通过烟囱排放到大气中。同时，火力发电厂还需要对废水、废渣等进行处理，以实现废弃物的减量化、资源化和无害化。

任务1-5 调查税务政策与环境

一、业务了解

调查企业税务政策是审前尽职调查不容忽视的内容。税收成本是较为重要的企业成本之一。税务政策直接影响着企业的盈利水平。另外，税务政策是国家引导资源优化配置，推动经济增长和产业升级的重要手段。从税务政策可以看出国家对某一行业的扶持态度。审计实务中，对一个企业税务政策与环境的调查，主要是了解企业所缴纳税费种类和税收优惠政策，并核实税率与优惠政策的真实性。

二、业务要点

（1）企业税收环境。了解企业所在行业的税收环境及税收优惠政策。

（2）企业涉税种类。了解企业经营业务涉及的税种。

（3）核实税种及税率。查找相关税种对应的税率，核实企业缴纳税种及税率。

三、知识点

（一）我国现行的18个税种

中国现行的税种共18个，分别是增值税、消费税、企业所得税、个人所得税、资源税、城市维护建设税、房产税、印花税、城镇土地使用税、土地增值税、车船税、船舶吨税、车辆购置税、关税、耕地占用税、契税、烟叶税、环境保护税。

（二）常见企业税的税率

（1）消费税。根据15种消费税目的不同，计税方法为从价定率、从量定额及从价定率和从量定额复合计税三种。

（2）增值税。一般纳税人自2019年4月1日起，采用13%、9%、6%三档税率和零税率形式；小规模纳税人征收率自2023年1月1日至2027年12月31日，适用3%征收率的应税销售收入，减按1%征收率征收增值税。

（3）印花税。1‰、0.5‰、0.3‰、0.05‰。

（4）地方性附加。城市维护建设税7%、5%、1%，教育费附加3%。

（5）企业所得税。税率25%。

（6）房产税。房产原值1.2%，房租租金（出租方）12%。

（7）城镇土地使用税。按照土地等级、土地面积按年缴纳。

（8）个人所得税。代扣代缴员工工资薪金个人所得税，税率3%~45%。

（9）契税。购置房屋时缴纳，税率一般3%。

（10）车船税。企业自有车辆按年缴纳。

> **即测即练**

项目 2　承接审计业务

知识目标

1. 了解与前任注册会计师沟通的前提。
2. 熟悉与前任注册会计师沟通的主要内容。
3. 熟悉审计业务约定书的基本内容和特殊考虑。

技能目标

1. 掌握向前任注册会计师发出沟通函、收取回复函形成沟通底稿的工作流程。
2. 掌握审计业务承接评价表、审计工时预算与控制表、评估承接业务后的风险因素列表的内容。

思政目标

树立审计风险管理意识，审慎选择客户。

思维导图

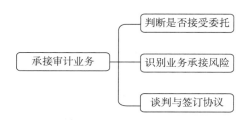

任务 2-1　判断是否接受委托

一、业务了解

与前任注册会计师进行沟通，是后任注册会计师在接受委托前应当执行的必要审计程序。在接受委托前，后任注册会计师与前任注册会计师进行沟通的目的是了解被审计单位更换会计师事务所的原因以及是否存在不应接受委托的情况，以确定是否接受委托。如前任注册会计师与被审计单位提供的更换会计师事务所的原因不符，特别是在会计、审计问题上存在重大意见分歧，后任注册会计师应慎重考虑，一般应拒绝接受委托。

当被审计单位变更会计师事务所时（正在进行变更或已经变更），前任注册会计师通常是指：已对上期财务报表发表了审计意见的某会计师事务所的注册会计师（委托人不再续聘，或会计师事务所拒绝接受续聘）；接受委托但未完成审计工作的某会计师事务所的注册会计师（委托人已经解聘或拟解聘，或会计师事务所提出辞聘）。

当被审计单位变更会计师事务所时（正在进行变更或已经变更），后任注册会计师通常是指：在签订审计业务约定书之前，正在考虑接受委托的注册会计师；在签订审计业务约定书之后，已接受委托接替前任注册会计师执行财务报表审计业务的注册会计师。

二、业务要点

（1）后任注册会计师向被审计单位获取确认函。
（2）后任注册会计师向前任注册会计师发出沟通函，收取回复函。
（3）进行沟通后的评价。
（4）形成沟通后的底稿。

三、知识点

（一）与前任注册会计师沟通的前提

后任注册会计师应当提请被审计单位以书面方式同意前任注册会计师对其询问作出充分答复。也就是说，后任注册会计师决定与前任注册会计师沟通前，需要征得被审计单位的书面同意。

如果被审计单位不同意前任注册会计师作出答复，或限制答复的范围，后任注册会计师应当向被审计单位询问原因，并考虑是否接受委托。当出现这种情况时，后任注册会计师一般需要拒绝接受委托，除非可以通过其他方式获知必要的事实，或有充分的证据表明审计风险水平非常低。

（二）与前任注册会计师沟通的主要内容

接受委托前，向前任注册会计师进行询问是一项必要的沟通程序，沟通内容包括以下几方面。

（1）是否发现被审计单位管理层存在正直和诚信方面的问题。实务操作中通常包括：向前任注册会计师了解被审计单位的商业信誉如何，是否发现管理层存在缺乏诚信的行为，被审计单位是否过分考虑将会计师事务所的审计收费维持在尽可能低的水平，审计范围是否受到不适当限制等。

（2）前任注册会计师与管理层在重大会计、审计等问题上存在的意见分歧。实务操作中通常包括：在会计政策和会计估计的运用、财务报表的披露方面存在重大的意见分歧，管理层不接受注册会计师的调整建议等。

（3）前任注册会计师向被审计单位通报的关于管理层舞弊、违反法律法规行为以及值得关注的内部控制缺陷。实务操作中通常包括：向前任注册会计师询问其是否从被审计单位监事会或审计委员会了解到管理层的任何舞弊事实、舞弊嫌疑，或针对管理层的舞弊指控，以及违反法律法规行为，特别是被审计单位是否存在涉嫌洗钱或其他刑事犯罪的行为或迹象等。了解这些信息有助于对管理层的诚信状况作出判断。

（4）前任注册会计师认为导致被审计单位变更会计师事务所的原因。实务操作提示：如果变更会计师事务所是由于前任注册会计师在会计、审计等问题上与被审计单位管理层存在意见分歧，管理层对前任注册会计师的审计意见不满意，经多次沟通仍难以达成一致意见，则后任注册会计师需要慎重考虑是否接受委托。

任务 2-2 识别业务承接风险

一、业务了解

审计项目的业务承接阶段是审计项目的第一个阶段，会计师事务所的主要任务是选择客户（被审计单位），构建项目团队。加强业务承接阶段的审计风险管理，对后续审计和审计风险管理工作的有效实施至关重要。在这一阶段，会计师事务所应了解客户的基本情况和要求，分析自身能力和条件，评估可接受审计风险水平，预估预期终极审计风险。在此基础上，谨慎选择客户，并构建审计项目团队。

初步业务活动有以下几个目的：针对保持客户关系和具体审计业务实施相应的质量控制程序；评价遵守相关职业道德要求的情况；就审计业务约定条款达成一致意见。

这些工作最终主要以"审计业务承接评价表""审计工时预算与控制表""评估承接业务后的风险因素列表"的形式落实。

二、业务要点

（1）编制审计业务承接评价表。

(2)编制审计工时预算与控制表。

(3)编制评估承接业务后的风险因素列表。

三、知识点

(一)审计业务承接评价表

该文件用于在业务承接前了解被审计单位及其环境,以充分识别和评估业务的重大风险,并评价是否承接该项业务。该文件在签订业务约定书之前填写。如果在填写该表时,发现业务存在重大风险且评估该项风险无法消除,那么可建议不接受该项业务。

其主要包括以下内容:客户基本情况;与客户讨论情况的评价;客户的诚信;客户财务状况;征得被审计单位同意,与前任注册会计师沟通情况评价;审计业务所需的人力资源时间安排;专业胜任能力和独立性的评价;其他方面意见;结论。

(二)审计工时预算与控制表

该文件通过对审计项目工时投入进行合理规划,从而促进审计资源的有效利用,降低人力资源成本,增加审计项目的产出,不断提高劳动生产率。在业务承接阶段,本表主要是用于测算预计的项目工时并用于审计费用谈判。随着项目的开展,项目组应根据实际情况修改既定的审计程序,因此项目工时预算也会相应地进行修改。

(三)评估承接业务后的风险因素列表

该文件主要包括以下内容:会计师事务所和项目组成员独立性;项目组的时间和资源以及专业胜任能力;客户诚信;经营风险;财务状况。

任务2-3 谈判与签订协议

一、业务了解

审计业务约定书是会计师事务所与被审计单位签订的,用以记录和确认审计业务的委托与受托关系、审计目的和范围、双方责任以及报告的格式等事项的书面协议。

审计业务约定书主要有两个作用。

(1)签订审计业务约定书的过程,就是会计师事务所与委托人和被审计单位之间相互了解的过程,体现在会计师事务所对委托目的及被审计单位基本概况等方面的了解,也体现在被审计单位对审计目的、审计范围、审计依据、审计责任等的了解，有利于加强双方的合作。

（2）明确义务，划分责任。审计业务约定书应对双方的责任和义务作出明确的规定，以求尽可能减少各方对另一方的误解，减少审计业务中涉及处理事项的互相推诿现象。如果出现法律诉讼，审计业务约定书是确定会计师事务所和委托人双方应负责任的重要依据。

二、业务要点

签订审计业务约定书。

三、知识点

（一）审计业务约定书的基本内容

会计师事务所承接任何审计业务，都应与被审计单位签订审计业务约定书。审计业务约定书应当包括以下主要内容。

（1）财务报表审计的目标与范围。

（2）注册会计师的责任。

（3）管理层的责任。

（4）适用的财务报告编制基础。

（5）审计报告的预期形式和内容，以及对在特定情况下出具的审计报告可能不同于预期形式和内容的说明。

（二）审计业务约定书的特殊考虑

详细说明审计工作的范围，包括提及适用的法律法规、审计准则，以及注册会计师协会发布的职业道德守则和其他公告。

（1）对审计业务结果的其他沟通形式。

（2）说明由于审计和内部控制的固有限制，即使审计工作按照审计准则的规定得到恰当的计划和执行，仍不可避免地存在某些重大错报未被发现的风险。

（3）计划和执行审计工作的安排，包括审计项目组的构成。

（4）管理层确认将提供书面声明。

（5）管理层同意向注册会计师及时提供财务报表草稿和其他所有附带信息，以使注册会计师能够按照预定的时间表完成审计工作；管理层同意向注册会计师告知在审计报告日至财务报表报出日注意到的可能影响财务报表的事实。

（6）收费的计算基础和收费安排。

（7）管理层确认收到审计业务约定书并同意其中的条款。

（8）对审计涉及的内部审计人员和被审计单位其他员工工作的安排。

（9）在首次审计的情况下，与前任注册会计师（如存在）沟通的安排。

（三）组成部分的审计

对于组成部分的审计，如果母企业的注册会计师同时也是组成部分注册会计师，需要决定是否向组成部分单独致送审计业务约定书。

（四）连续审计

对于连续审计，注册会计师应当根据具体情况评估是否需要对审计业务约定条款作出修改，以及是否需要提醒被审计单位注意现有的条款；注册会计师可以决定不在每期都致送新的审计业务约定书或其他书面协议。

即测即练

项目3 组织审计业务

知识目标

1. 熟悉审计培训的内容。
2. 熟悉确定重要性水平的影响因素。
3. 熟悉总体审计策略、具体审计计划包含的内容。
4. 了解审计计划修改的情形和程序。

技能目标

1. 掌握重要性水平的确定方法。
2. 掌握企业识别重要账户的判定标准。

思政目标

注重培养学生良好的团队合作意识、集体意识、大局意识。

思维导图

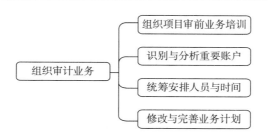

任务3-1 组织项目审前业务培训

一、业务了解

审前培训是提高审计质量的有效途径,审计质量反映审计业务的优劣程度,是审计工作的核心问题,而审前培训是核心基础。

智能审计实务

开展审前培训的必要性主要体现在：一是对审计人员进行深入、全面的审前培训，可以使每个审计组成员对项目有足够的认识，不仅让他们知道自己应该做什么、怎样做，更重要的是清楚做的结果对审计的总体目标有什么影响。每个审计组成员只有充分了解项目的有关知识和法律法规，才能更大限度地发挥主观能动性，使各项审计工作更具效率、更富成果。二是审前培训是提高审计工作效率的有效途径。审前培训越深入、越全面，审计工作就会越顺利；发现的问题越多，定性越准确，审计风险越小，审计范围也越广。否则，在一定程度上就会产生阻力，如造成审计方法混乱、取证乏力、定性不准、依照法律法规不恰当、财会业务真假不分等现象。这既影响审计质量、形成审计风险，同时又制约审计工作效率。

二、业务要点

选择审前业务培训内容。

三、知识点

在培训内容的选择上，要遵循全面兼顾、重点突出、体现以风险导向审计为目标的原则，以了解被审计单位的主要经营模式、主要会计政策作为切入点，结合被审计单位具体情况，由项目组内经验较为丰富的成员对可能存在重大错报风险的领域、需要重点审计程序以及需要特别关注的重点事项作出提示与说明。

（一）了解被审计单位的主要经营模式

不同的被审计单位，所处的行业、经营模式不同，由生产经营活动反映出的报表数据也不同，而且同一报表项目所反映的经济实质也不完全相同，进而针对该报表项目所实施的审计程序也会不同。了解被审计单位的主要经营模式，有利于确定重点审计领域、审计重点，从而实施有针对性的审计程序。

（二）了解被审计单位应用的主要会计政策

会计政策是指企业在会计确认、计量和报告中所采用的原则、基础和会计处理方法。财务报表的编制主要基于一定会计政策下企业所披露的财务信息，而财务报表是审计报告发表意见的对象或收集的证据来源之一。会计政策的选择通过影响财务信息而间接影响审计结果的可靠度。因此，了解一个企业的主要会计政策对审计结果至关重要。

（1）应收款项的会计政策。

（2）存货的会计政策。

（3）固定资产的会计政策。

（4）无形资产的会计政策。

（5）收入的会计政策。

（三）重点审计领域及相关审计程序

1. 货币资金项目

（1）库存现金。监盘库存现金，编制库存现金盘点表，对盘点金额与现金日记账余额进行核对，重点检查有无充抵库存现金的借条、未提现支票、未做报销的原始凭证等。

抽取大额现金收支原始凭证进行测试，检查内容是否完整、有无授权批准、是否与被审计单位生产经营活动相关、账务处理是否正确。

抽查资产负债表日前后一定期间的现金收支凭证进行截止测试，检查是否存在跨期收支事项，如有是否做适当调整。

（2）银行存款。相关审计准则规定，注册会计师应当对银行存款（包括零余额账户和在本期内注销的账户）、借款及与金融机构往来的其他重要信息实施函证程序，除非有充分证据表明其对财务报表不重要且与之相关的重大错报风险很低。

2. 应收账款项目

（1）应收账款执行函证程序。

（2）未回函的执行替代测试。

（3）应收账款的可收回性。

（4）应收账款坏账准备计提的准确性。

3. 存货

（1）与存货收、发、存相关的内部控制测试。

（2）存货的监盘。

（3）存货跌价准备计提充分性、准确性、合理性的测试。

4. 固定资产

（1）固定资产折旧的重新计算及对相关支出是否资本化的判断。

（2）固定资产减值的测试。

5. 短期借款与长期借款项目

（1）银行借款披露的完整性。

（2）银行贷款利息的重新计算。

6. 营业收入与营业成本

（1）确认产品价格。

（2）分析本期的主营业务收入较上期的主营业务收入变动原因。

（3）分析本期毛利率较上期毛利率变动原因。

（4）分析重要产品的毛利率与同行业企业的差异。

任务 3-2　识别与分析重要账户

一、业务了解

如果某账户可能存在一个错报，该错报单独或连同其他错报将使财务报表发生重大错报，则该账户为重要账户。重要账户的判断标准是其与可容忍错报金额的大小关系，可容忍错报是重要性水平的一个方面，所以识别重要账户的前提条件是确定重要性水平。

重要性水平要从定量和定性两个方面确定。所谓"定量"，指的是金额和数值，如一项错报是否超过确定的金额界限而成为重大错报；所谓"定性"，指的是影响程度，如一项错报金额虽小，但更正该错报却使被审计单位由盈转亏，足以见其影响之深。

报表层次重要性指如果合理预期错报单独或连同其他错报可能影响财务报表使用者的决策，则该项错报是重大的。注册会计师通过执行审计工作对财务报表发表审计意见，因此应当考虑财务报表整体的重要性。

认定层次计划的重要性水平指一个或多个特定类别交易、账户余额或披露，其发生的错报金额虽然低于财务报表整体的重要性，但合理预期将影响财务报表使用者依据财务报表作出的经济决策，应确定该认定的重要性水平。

实际执行的重要性是指注册会计师确定的低于财务报表整体重要性的一个或多个金额，旨在将未更正和未发现错报的汇总数超过财务报表整体的重要性的可能性降至可接受的低水平。

二、业务要点

（1）确定报表层次重要性。

（2）认定层次计划的重要性水平（如有）。

（3）确定执行的重要性水平。

（4）识别重要账户。

三、知识点

（一）确定报表层次重要性

报表层次重要性的确定方法为：选定一个基准，再乘以某一百分比作为财务报表整体的重要性，使用公式可以将其表示为

$$财务报表整体的重要性 = 基准 \times 百分比$$

选择基准的考虑因素包括：①财务报表要素；②是否存在财务报表使用者特别关注的项目；③被审计单位的性质、所处的生命周期阶段以及所处行业和经济环境；④被审计单位的所有权结构和融资方式；⑤基准的相对波动性。

百分比（实务中通常为1%~5%）的考虑因素包括：①是否为上市企业或公众利益实体；②财务报表使用者的范围；③被审计单位是否由集团内部关联方提供融资或是否有大额对外融资；④财务报表使用者是否对基准数据特别敏感等。

注意基准与百分比需要注册会计师运用职业判断确定，经常根据会计师事务所的惯例和自身经验予以考虑，计算出的重要性需要综合考虑各种因素进行修正，最终确定重要性水平。

（二）认定层次计划的重要性水平

在作出认定层次计划的重要性水平这一判断时，应当考虑的因素包括：法律法规或适用的财务报告编制基础是否影响财务报表使用者对特定项目计量或披露的预期；关联方交易、管理层和治理层的薪酬；与被审计单位所处行业相关的关键性披露；财务报表使用者是否特别关注财务报表中单独披露的业务的特定方面等。

（三）确定执行的重要性水平

$$实际执行的重要性水平 = 财务报表整体重要性 \times 经验百分比$$

经验值（经验百分比）通常为财务报表整体重要性的50%或75%。注册会计师常常根据被审计单位的不同情形确定经验值。表3-1列举了不同情形下经验值的确定。

表3-1 不同情形下经验值的确定

经验值	情形
接近财务报表整体重要性50%的情况（较低的）	1. 首次接受委托的审计项目； 2. 连续审计项目，以前年度审计调整较多； 3. 项目总体风险较高，例如处于高风险行业、管理层能力欠缺、面临较大市场竞争压力或业绩压力等； 4. 存在或预期存在值得关注的内部控制缺陷

续表

经验值	情形
接近财务报表整体重要性75%的情况 （较高的）	1. 连续审计项目，以前年度审计调整较少； 2. 项目总体风险为低到中等，例如处于非高风险行业、管理层有足够能力、面临较低的业绩压力等； 3. 以前期间的审计经验表明内部控制运行有效

（四）识别重要账户

实务中，通过比较账户金额与可容忍错报的大小关系来分析是否属于重要账户。可容忍错报是指注册会计师设定的货币金额，注册会计师试图对总体中的实际错报不超过该货币金额获取适当水平的保证。可容忍错报确定依赖于重要性水平。重要账户的识别如表3－2所示。

表3－2　重要账户的识别

判断基础	判断结果	说明
账户金额大于可容忍错报	重要账户	常识别为"重要账户"；如识别为"非重要账户"，应当说明原因，如固有风险极低等
	非重要账户	
账户金额小于可容忍错报	重要账户	常识别为"非重要账户"；如果性质重要，应当识别为"重要账户"，并说明原因
	非重要账户	

（1）超过财务报表整体重要性的账户，无论是在内部控制审计还是在财务报表审计中，通常情况下被认定为重要账户。

（2）一个账户或列报，即使从性质方面考虑与之相关的风险较小，但其金额超过财务报表整体重要性越多，该账户或列报被认定为重要账户或列报的可能性也就越大。

（3）一个账户或列报的金额超过财务报表整体重要性，并不必然表明其属于重要账户或列报，因为注册会计师还需要考虑定性的因素。

（4）即使某账户或列报从金额上看并不重要，但这些固有风险或舞弊风险很有可能导致重大错报（该错报单独或连同其他错报将使财务报表发生重大错报）。

任务3-3　统筹安排人员与时间

一、业务了解

凡事预则立，不预则废，审计工作也不例外。计划审计工作对于注册会计师顺利完成审计工作和控制审计风险具有非常重要的意义。合理的审计计划有助于注册会计师关注重点审计领域、及时发现和解决潜在的问题并恰当地组织与管理审计工作。同时,具体充分的审计计划有助于注册会计师对项目组成员进行恰当的分工与指导、监督,计划审计工作所要达到的最终目标是使审计工作以有效的方式得到执行。

审计计划分为总体审计策略和具体审计计划两个层次。总体审计策略的编制通常在具体审计计划之前,但两个活动并非孤立、不连续的过程,而是内在紧密联系的。对其中一项的决定可能会影响甚至改变对另外一项的决定;注册会计师在实施具体审计计划过程中可能会对总体审计策略的内容予以调整。

制订总体审计策略和制订具体审计计划的过程紧密联系,并且两者的内容也紧密相关。注册会计师应当针对总体审计策略中所识别的不同事项,制订具体审计计划,并考虑通过有效利用审计资源以实现审计目标。在实务中,注册会计师将制订总体审计策略和制订具体审计计划相结合进行,可能会使计划审计工作更有效率及效果。审计计划的两个层次如图 3-1 所示。

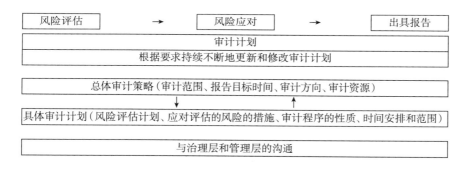

图 3-1 审计计划的两个层次

二、业务要点

(1) 制订总体审计策略。
(2) 制订具体审计计划。

三、知识点

(一) 总体审计策略内容

总体审计策略应清楚地说明下列内容。

(1) 向具体审计领域调配的资源,包括向高风险领域分派有适当经验的项目组成员,就复杂的问题利用专家工作等。

（2）向具体审计领域分配资源的数量，包括安排到重要存货存放地观察存货盘点的项目组成员的数量、对其他注册会计师工作的复核范围、对高风险领域安排的审计时间预算等。

（3）何时调配这些资源，包括是在期中审计阶段还是在关键的截止日期调配资源等。

（4）如何管理、指导、监督这些资源的利用，包括：预期何时召开项目组预备会和总结会，预期项目负责人和经理如何进行复核，是否需要实施项目质量控制复核等。

（二）具体审计计划内容

具体审计计划比总体审计策略更加详细，应包括下列内容。

（1）为了充分识别和评估财务报表重大错报风险，注册会计师计划实施的风险评估程序的性质、时间和范围。

（2）针对评估的认定层次的重大错报风险，注册会计师计划实施的进一步审计程序的性质、时间和范围，包括进一步程序的总体方案和具体审计程序两个层次。

（3）根据中国注册会计师审计准则的规定，注册会计师针对审计业务需要实施的其他审计程序。

（4）指导、监督与复核。注册会计师应当对项目组成员工作的指导、监督与复核的性质、时间和范围制订计划。项目组成员工作的指导、监督与复核的性质、时间和范围主要取决于：被审计单位的规模和复杂程度；审计领域；重大错报风险；执行审计工作的项目组成员的素质和专业胜任能力。

任务3-4　修改与完善业务计划

一、业务了解

审计计划不是一成不变的，它是一个持续的过程，在审计过程中注册会计师应当在必要时对总体审计策略和具体审计计划作出更新和修改。总体审计策略和具体审计计划的修改，须始终贯穿于整个审计业务。注册会计师应当描述对总体审计策略和具体审计计划作出的重大修改，并将修改的理由记录于工作底稿中。

二、业务要点

（1）描述审计程序性质、时间安排和范围修改的情形。

（2）对交易信息函证。

（3）在底稿中记录修改理由。

三、知识点

以下事项的修改会直接导致修改审计计划，也会导致对审计工作作出适时调整。

（1）对重要性水平的修改。

（2）对某类交易、账户余额和披露的重大错报风险评估的更新和修改。

（3）对进一步审计程序的更新和修改等。

即测即练

项目 4　审计业务执行

知识目标

1. 理解内部控制的含义、要素。
2. 理解控制测试的含义、要素、方法、内容、标准。
3. 理解内部控制与控制测试的区别。
4. 理解内部控制评价在财务报表审计中的作用。
5. 理解实质性测试的含义、要素和目标。
6. 理解控制测试与实质性测试的关系。

技能目标

1. 能够掌握被审计单位及其环境的了解方法。
2. 能够掌握内部控制测试程序。
3. 能够掌握实质性测试程序。

思政目标

把握控制测试与实质性测试的关系。

思维导图

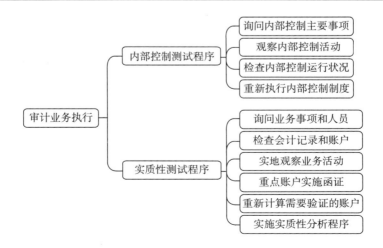

注册会计师财务报表审计业务在形成审计意见的过程中,注册会计师需要进行的大部分工作都是通过各种途径收集、获取和评价审计证据。为获取审计证据而实施的审计程序包括询问、检查、观察、函证、重新计算、重新执行和分析程序。注册会计师通常对这些程序进行组合运用。审计业务执行的过程就是注册会计师获取审计证据的过程,以得出合理的审计结论,作为形成审计意见的基础。在针对已经评估的财务报表认定层次重大错报风险的基础上,注册会计师应当采取的进一步审计程序包括控制测试和实质性程序。

一、内部控制的含义

内部控制是被审计单位为了合理保证财务报告的可靠性、经营的效率和效果以及对法律法规的遵守,由治理层、管理层和其他人员设计与执行的政策及程序。

可以从以下几方面理解内部控制。

(1) 内部控制的目标是合理保证,包括财务报告的可靠性,这一目标与管理层履行财务报告编制责任密切相关;经营的效率和效果,即经济有效地使用企业资源,以最优方式实现企业的目标;遵守法律法规的要求,在法律法规的框架下从事经营活动。

(2) 设计和实施内部控制的责任主体是治理层、管理层和其他人员,组织中的每一个人都对内部控制负有责任。

(3) 实现内部控制目标的手段是设计和执行控制政策及程序。

二、内部控制要素

内部控制要素如图4-1所示。

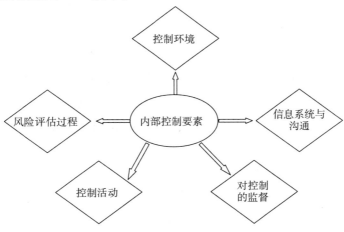

图4-1 内部控制要素

（一）控制环境

控制环境包括治理职能和管理职能，以及治理层和管理层对内部控制及其重要性的态度、认识和措施。良好的控制环境是实施有效内部控制的基础。实际上，在审计业务承接阶段，注册会计师就需要对控制环境作出初步了解和评价。

（1）对诚信和道德价值观念的沟通与落实。诚信和道德价值观念是控制环境的重要组成部分，影响到重要业务流程的内部控制设计和运行。内部控制的有效性直接依赖于负责创建、管理和监控内部控制的人员的诚信与道德价值观念。

（2）对胜任能力的重视。胜任能力是指具备完成某一职位的工作所应有的知识和能力。管理层对胜任能力的重视包括对于特定工作所需的胜任能力水平的设定，以及对达到该水平所必需的知识和能力的要求。

注册会计师应当考虑主要管理人员和其他相关人员是否能够胜任承担的工作和职责，比如财务人员是否对编报财务报表所适用的会计准则和相关会计制度有足够的了解并能正确运用。

（3）治理层的参与程度。被审计单位的控制环境在很大程度上受治理层的影响。治理层的职责应在被审计单位的章程和政策中予以规定。治理层（董事会）通常通过其自身的活动，并在审计委员会或类似机构的支持下，监督被审计单位的财务报告政策和程序。因此，董事会、审计委员会或类似机构应关注被审计单位的财务报告，并监督被审计单位的会计政策，以及内部、外部的审计工作和结果。

（4）管理层的理念和经营风格。管理层负责企业的运作，以及经营策略和程序的制定、执行与监督。控制环境的每个方面在很大程度上都受管理层采取的措施和作出的决策的影响，或在某些情况下受管理层不采取某些措施或不作出某种决策的影响。在有效的控制环境中，管理层的理念和经营风格可以创造一个积极的氛围，促进业务流程和内部控制的有效运行，同时还能创造一个降低错报发生可能性的环境。

（5）组织结构及职权与责任的分配。被审计单位的组织结构为计划、运作、控制及监督经营活动提供了一个整体框架。通过集权或分权决策，可在不同部门之间进行适当的职责划分，建立适当层次的报告体系。组织结构将影响权利、责任和工作任务在组织成员中的分配。被审计单位的组织结构将在一定程度上取决于被审计单位的规模和经营活动的性质。

（6）人力资源政策与实务。政策与程序（包括内部控制）的有效性，通常取决于执行人。因此，被审计单位员工的能力与诚信是控制环境中不可缺少的因素。人力资源政策与实务涉及招聘、培训、考核、咨询、晋升和薪酬等方面。被审计单位是否有能力雇用并保留一定数量既有能力又有责任心的员工,这在很大程度上取决于其人事政策与实务。

综上所述,注册会计师应当对控制环境的构成要素有足够的了解,并考虑内部控制的实质及其综合效果,以了解管理层和治理层对内部控制及其重要性的态度、认识以及所采取的措施。

(二) 风险评估过程

风险评估过程的作用是识别、评估和管理影响被审计单位实现经营目标能力的各种风险。例如,风险评估可能会涉及被审计单位如何考虑对某些交易未予记录的可能性,或者识别和分析财务报告中的重大会计估计发生错报的可能性,被审计单位的风险评估过程包括识别与财务报告相关的经营风险,以及针对这些风险所采取的措施。注册会计师应当了解被审计单位的风险评估过程和结果。

(三) 信息系统与沟通

(1) 与财务报告相关的信息系统。与财务报告相关的信息系统包括:用以生成、记录、处理和报告交易事项,对相关资产、负债和所有者权益履行经营管理责任的程序和记录。与财务报告相关的信息系统所生成信息的质量应当与业务流程相适应,质量的高低对管理层能否作出恰当的经营管理决策和编制可靠的财务报告具有重大影响。与财务报告相关的信息系统通常包括下列职能:识别与记录所有的有效交易;及时、详细地描述交易,以便在财务报告中对交易作出恰当分类;恰当计量交易,以便在财务报告中对交易的金额作出准确记录;恰当确定交易生成的会计期间;在财务报表中恰当列报交易。

(2) 与财务报告相关的沟通。与财务报告相关的沟通包括使员工了解各自在与财务报告有关的内部控制方面的角色和职责、员工之间的工作联系,以及向适当级别的管理层报告例外事项的方式。

其具体包括:管理层就员工的职责和控制责任是否进行了有效沟通;针对可疑的不恰当事项和行为是否建立了沟通渠道;组织内部沟通的充分性是否能够使人员有效地履行职责;对于与客户、供应商、监管者和其他外部人士的沟通,管理层是否及时采取适当的进一步行动;被审计单位是否受到某些监管机构发布的监管要求的约束;外部人士如客户和供应商在多大程度上获知被审计单位的行为守则。

(四) 控制活动

控制活动是指有助于确保管理层的指令得以执行的政策和程序,包括与授权、业绩评价、信息处理、实物控制和职责分离等相关的活动。

（1）授权。其包括一般授权和特别授权。授权的目的在于保证交易在管理层授权范围内进行。一般授权是指管理层制定的要求组织内部遵守的普遍适用于某类交易或活动的政策。特别授权是指管理层针对特定类别的交易或活动逐一设置的授权，如重大资本支出和股票发行等。特别授权也可能用于超过一般授权限制的常规交易。例如，同意因某些特别原因，对某个不符合一般信用条件的客户赊购商品。

（2）业绩评价。注册会计师应当了解与业绩评价有关的控制活动，主要包括被审计单位分析评价实际业绩与预算（或预测、前期业绩）的差异，综合分析财务数据与经营数据的内在关系，将内部数据与外部信息来源相比较，评价职能部门、分支机构或项目活动的业绩，以及对发现的异常差异或关系采取必要的调查与纠正措施。

（3）信息处理。其包括信息技术的一般控制和应用控制。被审计单位通常执行各种措施，检查各种类型信息处理环境下的交易的准确性、完整性和授权。信息处理控制可以是人工的、自动化的，或是基于自动流程的人工控制。

（4）实物控制。其主要包括了解对资产和记录采取适当的安全保护措施，对访问计算机程序和数据文件设置授权，以及定期盘点并将盘点记录与会计记录相核对。例如，现金、有价证券和存货的定期盘点控制。实物控制的效果影响资产的安全，从而对财务报表的可靠性及审计产生影响。

（5）职责分离。注册会计师应当了解被审计单位如何将交易授权、交易记录和资产保管等职责分配给不同员工，以防范同一员工在履行多项职责时可能发生的舞弊或错误。当信息技术运用于信息系统时，职责分离可以通过设置安全控制来实现。

（五）对控制的监督

对控制的监督是指被审计单位评价内部控制在一段时间内运行有效性的过程，该过程包括及时评价控制的设计和运行，以及根据情况的变化采取必要的纠正措施。例如，管理层对是否定期编制银行存款余额调节表进行复核，法律部门定期监控企业的道德规范和商务行为准则是否得以遵循等。监督对控制的持续有效运行十分重要。例如，如果没有对银行存款余额调节表是否得到及时和准确的编制进行监督，该项控制可能无法得到持续的执行。

关键执行环节之一——内部控制测试程序

内部控制测试是指用于评价内部控制在防止或发现并纠正认定层次重大错报方面的运行有效性的审计程序。内部控制测试的工作过程如图4-2所示。

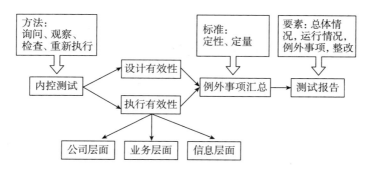

图4-2 内部控制测试的工作过程

内部控制测试的主要阶段及具体内容如图4-3所示。

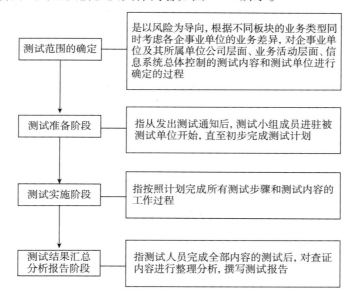

图4-3 内部控制测试的主要阶段及具体内容

内部控制与控制测试的区别见表4-1。

表4-1 内部控制与控制测试的区别

维度	内部控制	控制测试
目的	评价控制的设计、确定控制是否得到执行	评价控制运行是否有效
内涵	强调某项控制存在、被审计单位正在使用	强调控制能够在各个不同时点按照既定设计一贯执行
审计程序	询问、观察、检查、穿行测试	询问、观察、检查、重新执行
样本量	只需抽取少量的交易进行检查或观察某几个时点	需要抽取足够数量的交易进行检查或对多个不同时点进行观察

任务4-1 询问内部控制主要事项

一、业务了解

询问是指在内部控制测试阶段,由助理人员向相关人员询问,获取与内部控制运行情况相关的信息,并协助对项目负责的注册会计师对企业内部控制运行状况进行了解、调查和评价。

询问方法运用得当与否对审计工作质量、权威以及审计人员形象等在一定程度上起着十分关键的作用。可以说,一个设计良好的审计询问,可以达到事半功倍的效用;反之,也有可能产生事倍功半或者全盘皆输的结局。

二、业务要点

对企业内部控制主要事项进行询问业务的工作要点主要包括三个方面。

(1) 询问前的准备。
(2) 询问程序的实施。
(3) 询问结束后的评估。

询问程序的工作要点与内容如图4-4所示。

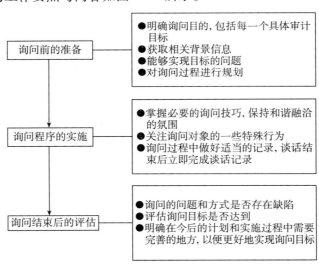

图4-4 询问程序的工作要点与内容

三、知识点

内部控制测试、询问程序的内容与要求、内部控制制度的评估。

任务4-2 观察内部控制活动

一、业务了解

观察是指注册会计师及助理人员在对被审计单位内部控制进行测试的阶段,亲自去审计现场实地察看相关人员正在从事的活动或实施的程序,作为审计程序之一,其核心业务是通过实地观察审计客户中的全体员工实施内部控制活动的执行程序,注重企业内部控制的运行效果。

二、业务要点

在审计实务中,注册会计师及助理人员对审计客户内部控制活动进行观察的程序,主要包括以下几个。

(1)适当选择需观察的内部控制对象。

(2)适当确定观察内部控制活动的时间点。

(3)客观评价观察程序的结果并考虑其他审计程序的影响。

观察程序的业务要点及内容如图4-5所示。

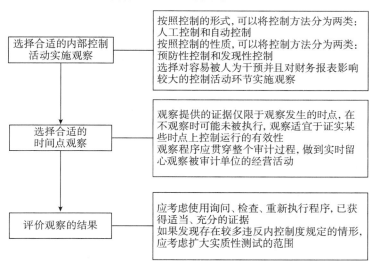

图4-5 观察程序的业务要点及内容

三、知识点

内部控制活动的观察程序。

任务4-3 检查内部控制运行状况

一、业务了解

检查是注册会计师及助理人员评价被审计单位治理层和管理层设计的内部控制是否已经得到有效执行的重要手段,其主要工作内容是通过对审计客户关键的内部控制节点的书面资料与信息进行仔细阅读和审核,并形成最终的审查报告,对被审计单位内部控制运行活动检查是注册会计师对被审计单位内部控制运行是否有效的重要依据。

二、业务要点

抽样审计方法通常是对审计中的内部控制运行状况实施检查的常用程序,主要业务操作的内容如图4-6所示。

图4-6 抽样审计方法主要业务操作的内容

抽样审计检查程序的业务要点及内容如图4-7所示。

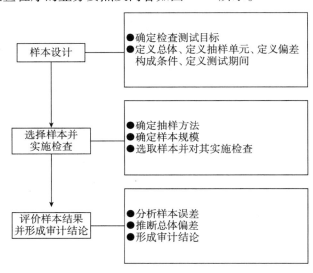

图4-7 抽样审计检查程序的业务要点及内容

三、知识点

审计抽样在内部控制测试中的应用。

任务4-4 重新执行内部控制制度

一、业务了解

重新执行是指在控制测试阶段,注册会计师通过执行询问、观察、检查程序后,仍无法获取充分的证据时,重新独立执行作为被审计单位内部控制组成部分的程序或控制,以得出内部控制是否得到有效执行的结论。

二、业务要点

内部控制制度重新执行程序是指注册会计师独立执行原本作为被审计单位内部控制组成部分的程序或控制。内部控制重新执行程序的业务要点及内容如图4-8所示。

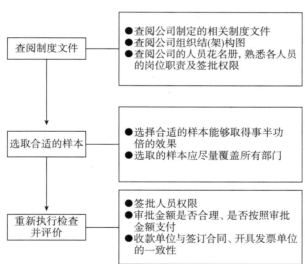

图4-8 内部控制重新执行程序的业务要点及内容

三、知识点

内部控制测试中重新执行程序的实施。

关键执行环节之二——实质性测试程序（最重要的一项工作）

实质性测试，也称实质性程序，是指在控制测试的基础上，为取得直接证据而运用询问、观察、检查、函证、重新计算、分析程序等方法，发现认定层次重大错报的审计程序，对各类交易、账户余额和披露的细节测试以及实质性分析程序，以得出审计结论的过程。实质性测试是审计实施阶段中最重要的一项工作。实质性测试的目的是取得审计人员赖以作出审计结论的足够的审计证据。实质性测试通常采用抽样方式进行，其抽样的规模需根据内部控制的评价和符合性测试的结果来确定。

实质性程序的性质是指实质性程序的类型及其组合。其分类如表4-2所示。

表4-2 实质性程序的分类

项目	细节测试	实质性分析
概念	对交易、账户余额和披露的具体细节进行测试	研究数据间关系，识别相关认定是否存在错报
程序	检查、询问、观察、函证、重新计算	分析程序
适用性	认定的测试，尤其是对存在或发生、准确性、计价和分摊认定的测试	一段时间内存在可预期关系的大量交易

任务4-5 询问业务事项和人员

一、业务了解

询问指注册会计师以书面或口头方式，向被审计单位内部或外部的知情人员获取财务信息或非财务信息，并对其答复进行评价的过程。作为其他审计程序的补充，询问广泛应用于整个审计过程中。

询问用作实质性测试，其目的是为某项认定提供证据，询问本身并不能为注册会计师提供充分、适当的审计证据，但是知情人员对询问的答复可能为注册会计师提供尚未获悉的信息或证据。另外，对询问的答复也可能提供与注册会计师已获取的其他信息存在重大差异的信息。例如，关于被审计单位管理层凌驾于控制之上的可能性的信息。在某些情况下，对询问的答复为注册会计师修改审计程序或实施追加的审计程序提供了基础。

尽管对通过询问获取的审计证据予以佐证通常特别重要，但在询问管理层意图时，获取的支持管理层意图的信息可能是有限的。在这种情况下，了解管理层过去所声称意图的实现情况、选择某项特别措施时声称的原因以及实施某项具体措施的能力,可以为佐证通过询问获取的证据提供相关信息。

针对某些事项,注册会计师可能认为有必要向管理层和治理层(如适用)获取书面声明,以证实对口头询问的答复。

二、业务要点

询问业务事项和人员的业务要点如图4-9所示。

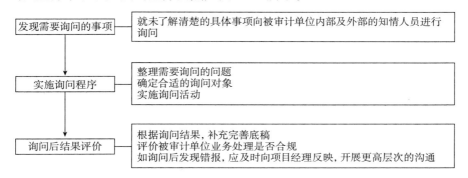

图4-9 询问业务事项和人员的业务要点

三、知识点

实质性测试中询问程序的实施如图4-10所示。

图4-10 实质性测试中询问程序的实施

(一)发现需询问的事项

(1)询问事项。询问事项是指审计人员就某项具体业务在执行细节测试时的核算流程及会计处理的事项。

(2)审计人员在执行细节测试的过程中,并非根据被审计单位提供原始凭证就可以把某个具体业务了解清楚,所以,审计人员应当就未了解清楚的具体事项向被审计单位内部或外部的知情人员进行询问。

(二)询问程序的实施

询问程序的实施如图4-11所示。

(1)整理需要询问的问题。根据细节测试过程中发现的具体关于业务核算流程

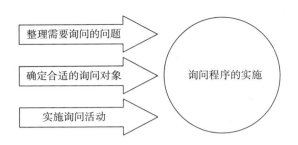

图4-11　询问程序的实施

和会计处理的事项，分门别类地整理需要询问的问题。

（2）确定合适的询问对象。确定合适的询问对象是很有必要的，有时候直接向财务负责人询问并不能够达到我们的询问目的，向该业务的直接经手人（职务级别较低的人）询问，反倒能够达到事半功倍的效果。

（3）实施询问活动。往往会选择每天的固定时间段向确定的沟通对象进行沟通询问当天发现的审计问题。清楚说明审计目标和询问的具体目的。

关注询问对象的一些特殊行为，某些行为预示着询问对象正在说谎或者隐瞒信息的信号。询问沟通结束后，向沟通对象表示感谢，同时在沟通的过程中记录关键点信息。

（三）询问后结果的评价

（1）根据沟通询问过程中记录的关键点信息，补充完善沟通底稿。

（2）根据沟通结果，重新判断被审计单位的核算流程或会计处理是否合规。

（3）沟通后，被审计单位可能需补充提供证明资料，如果查阅相关证明资料后确认为错报，应及时向项目经理反映，开展更高层次的沟通。

任务4-6　检查会计记录和账户

一、业务了解

检查是指注册会计师对被审计单位内部或外部生成的，以纸质、电子或其他介质形式存在的记录和文件进行审查，或对资产进行实物审查。检查记录或文件可以提供可靠程度不同的审计证据，审计证据的可靠性取决于记录或文件的性质和来源，而在检查内部记录或文件时，其可靠性则取决于生成该记录或文件的内部控制的有效性。将检查用作控制测试的一个例子，是检查记录以获取关于授权的审计证据。某些文件是表明一项资产存在的直接审计证据，如构成金融工具的股票或债券，但检查此类文件并不一定能提供有关所有权或计价的审计证据。此外，检查已执行的合同可以提供与被审计单位运用会计政策（如收入确认）相关的审计证据。

检查有形资产可为其存在提供可靠的审计证据，但不一定能够为权利和义务或计价等认定提供可靠的审计证据。对个别存货项目进行的检查，可与存货监盘一同实施。

二、业务要点

（1）检查适用条件的考虑。
（2）检查程序的实施。

三、知识点

实质性程序中检查程序的应用（顺查、逆查、存货抽盘）。

任务 4-7 实地观察业务活动

一、业务了解

观察是指注册会计师察看相关人员正在从事的活动或实施的程序。例如，注册会计师对被审计单位人员执行的存货盘点或控制活动进行观察。观察可以提供执行有关过程或程序的审计证据，但观察所提供的审计证据仅限于观察发生的时点，而且被观察人员的行为可能因被观察而受到影响，这也会使观察提供的审计证据受到限制。

业务活动实地观察是指在实质性测试程序中，实地检查被审计单位的各类业务活动，以识别财务报表认定层次的重大错报风险。例如，通过对在建工程实施现场观察，判断是否存在应转固而未转固的项目（影响折旧的计提金额），是否存在停建的项目（是否存在减值迹象，计提减值准备），从而识别出被审计单位已记录的固定资产、在建工程、存货或营业成本等项目是否存在错报。

二、业务要点

实地观察业务活动的业务要点如图 4-12 所示。

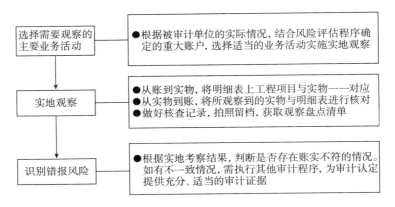

图 4-12 实地观察业务活动的业务要点

三、知识点

实质性程序中实地观察程序的应用。

任务 4-8 重点账户实施函证

一、业务了解

函证是指注册会计师直接从第三方（被询证者）获取书面答复（采用纸质、电子或其他介质等）以作为审计证据的过程。当针对的是与特定账户余额及其项目相关的认定时，函证常常是相关的程序。但是，函证不必仅仅局限于账户余额。例如，注册会计师可能要求对被审计单位与第三方之间的协议和交易条款进行函证。注册会计师可能在询证函中询问协议是否做过修改，如果做过修改，要求被询证者提供相关的详细信息。此外，函证程序还可以用于获取不存在某些情况的审计证据，如不存在可能影响被审计单位收入确认的"背后协议"。例如对应收账款余额或银行存款的函证、对存货的函证、对合同的函证等。

二、业务要点

注册会计师及助理审计对重点账户实施函证程序是获取充分、适当的审计证据的重要程序和必要手段。

三、知识点

实质性程序中函证程序的应用（对象、范围、过程控制与结果评价）。

任务4-9 重新计算需要验证的账户

一、业务了解

重新计算是指注册会计师对记录或文件中的数据以人工方式或使用计算机辅助审计技术计算的准确性进行核对。重新计算是能够最直接地发现是否存在错报的有效程序,且只能应用于实质性程序的细节测试。

二、业务要点

重新计算程序的业务要点及内容如图4-13所示。

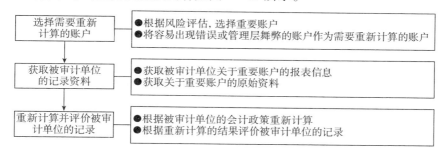

图4-13 重新计算程序的业务要点及内容

三、知识点

实质性程序中重新计算程序的应用。

任务4-10 实施实质性分析程序

一、业务了解

实质性分析程序是指用作实质性程序的分析程序,它与细节测试都可用于收集审计证据,以识别财务报表认定层次的重大错报风险。当使用分析程序比细节测试能更有效地将认定层次的检查风险降至可接受的水平时,注册会计师可以考虑单独或结合细节测试,运用实质性分析程序。

实质性分析程序不仅是细节测试的一种补充,在某些审计领域,如果重大错报风险较低且数据之间具有稳定的预期关系,注册会计师可以单独使用实质性分析程序获取充分、适当的审计证据。

二、业务要点

实施实质性分析程序的业务要点如图 4-14 所示。

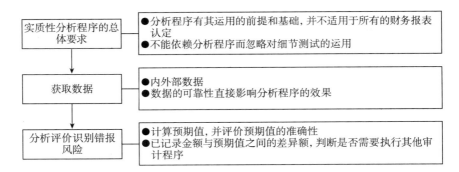

图 4-14 实施实质性分析程序的业务要点

三、知识点

实质性分析程序的应用（财务数据、非财务数据、数据的可靠性）。

即测即练

项目 5　审计业务协调

知识目标

1. 熟记沟通的内容。
2. 说出审计人员与客户分阶段沟通的内容。

技能目标

1. 正确编制项目访谈与备忘录。
2. 正确应对审计中发现的重大问题。

思政目标

1. 培养学生树立规范的法治观念、遵循行业规范。
2. 增强学生的工作使命感和社会责任感。

思维导图

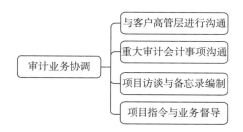

任务 5-1　与客户高管层进行沟通

一、业务了解

在注册会计师进行财务报表审计业务的过程中，因为存在与被审计单位之间的信息不对称和审计工作的局限性等原因，需要与审计业务的委托人（治理层）和被审计业务相关负责人（适当层级的管理层）之间就审计过程中的相关事务进行充分沟通，目的是获取充分与适当的审计证据。

在企业高管层（治理层和管理层）涉及经营活动中，通常来说，编制财务报告一般是企业管理层的责任，其具体工作由管理层领导下的财务会计部门承担。但是，对于财务报告的编制和披露过程，治理层负有监督职责。这种监督职责主要有：审核或监督企业的重大会计政策；审核或监督企业财务报告和披露程序；审核或监督与财务报告相关的企业内部控制；组织和领导企业内部审计；审核和批准企业的财务报告和相关信息披露；聘任和解聘负责企业外部审计的注册会计师并与其进行沟通等。

在不同组织形式的主体中，治理层可能意味着不同的人员或组织。对于有限责任公司而言，其治理层一般是指董事会（不设董事会时为执行董事）、监事会（不设监事会时为监事），在前文所述的特殊情形下，可能还涉及股东会；对于一人有限责任公司而言，其治理层一般为自然人股东本人，或法人股东的代表；对于国有独资公司而言，其治理层一般为董事会、监事会；对于股份有限公司而言，其治理层一般为董事会、监事会。上市公司董事会一般设有若干专门委员会，其中审计委员会的职责中通常包括与注册会计师的沟通。

本工作领域的沟通是指审计机构与被审计单位管理层就审计有关事项、依据、结论、决定或建议进行积极有效探讨和交流的过程。

审计沟通是审计工作不可缺少的一部分，是贯穿于整个审计过程的一项重要工作。在常规审计的各个环节，与被审计单位进行全面、有效的沟通，使其不仅知其然，更知其所以然。通过沟通，提高了被审计单位整改问题的自觉性，也达到了常规审计的效果。

注册会计师应当就与财务报表审计相关且根据职业判断认为与治理层责任相关的重大事项，以适当的方式及时与治理层进行明晰的沟通。这是注册会计师与治理层沟通的总体要求。"明晰的沟通"指沟通内容、沟通目标、沟通方式、沟通结果均要清晰明了。注册会计师与治理层沟通的主要目的有以下几个。

（1）就审计范围和时间以及注册会计师、治理层、管理层各方在财务报表审计和沟通中的责任，取得相互了解。

（2）及时向治理层告知审计中发现的与治理层责任相关的事项。

（3）有助于注册会计师获取审计证据和治理层履行责任的其他信息。

明确与治理层沟通的目的，有助于注册会计师全面理解与治理层进行沟通的必要性，意识到自己向治理层告知审计中发现的与治理层责任相关的事项的义务，以期与治理层就履行各自职责达成共识并共享信息。

二、业务要点

与审计客户高管层进行沟通的业务要点及内容如图 5-1 所示。

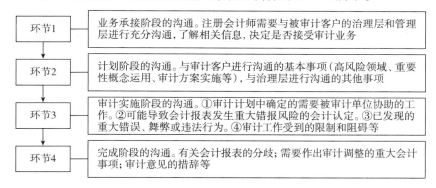

图 5-1　与审计客户高管层进行沟通的业务要点及内容

三、知识点

与审计客户高管层沟通事项见表 5-1。

表 5-1　与审计客户高管层沟通事项

法定沟通事项	1. 注册会计师与财务报表审计相关的责任 2. 计划的审计范围和时间安排	审计前
	3. 审计中发现的重大问题 4. 值得关注的内部控制缺陷 5. 注册会计师的独立性	审计中
补充事项	与治理层监督财务报表之外的其他责任相关	

（一）沟通的相关责任

（1）注册会计师负责对管理层在治理层监督下编制的财务报表形成和发表意见。

（2）财务报表审计并不减轻管理层或治理层的责任。

（3）当《中国注册会计师审计准则第 1504 号——在审计报告中沟通关键审计事项》适用时，注册会计师与财务报表审计相关的责任还包括注册会计师确定并在审计报告中沟通关键审计事项的责任。

（二）沟通的形式

以上责任通常包含在审计业务约定书或记录审计业务约定条款的其他适当形式的书面协议中。

（三）沟通的目的

就计划的审计范围和时间安排的总体情况（包括识别的特别风险）进行沟通可以达到以下两个目的。

（1）帮助治理层更好地了解注册会计师工作的结果，与注册会计师讨论风险问题和重要性的概念，以及识别可能需要注册会计师追加审计程序的领域。

（2）帮助注册会计师更好地了解被审计单位及其环境。

（四）沟通的要求

（1）注册会计师应当就计划的审计范围和时间的总体情况直接与治理层做简要沟通。

（2）沟通具体审计程序的性质和时间安排，可能因这些程序易于被预见而降低其有效性。

（五）沟通的事项

沟通的事项可能包括以下几方面。

（1）注册会计师拟如何应对由于舞弊或错误引发的特别风险以及重大错报风险评估水平较高的领域。

（2）注册会计师对与审计相关的内部控制采取的方案。

（3）在审计中对重要性概念的运用。

（4）实施计划的审计程序或评价审计结果需要的专门技术或知识的性质和程度，包括利用专家的工作。

（5）注册会计师对哪些事项可能需要重点关注因而可能构成关键审计事项所做的初步判断。

（6）针对适用的财务报告编制基础或者被审计单位所处的环境、财务状况或活动发生的重大变化对单一报表及披露产生的影响，注册会计师拟采取的应对措施。

任务 5-2　重大审计会计事项沟通

一、业务了解

注册会计师应当根据具体情况判断某一事项是否属于重大事项，重大事项通常包括以下几方面。

（1）引起特别风险的事项。

（2）实施审计程序的结果，该结果表明财务信息可能存在重大错报，或需要修正以前对重大错报风险的评估和针对这些风险拟采取的应对措施。

（3）导致注册会计师难以实施必要审计程序的情形。

（4）导致出具非标准审计报告的事项。

注册会计师发现上述事项后应及时与被审计单位沟通。

（一）注册会计师的独立性

注册会计师应以书面形式和治理层沟通与财务报表审计相关的职业道德要求，包括对独立性的要求，具体如下。

（1）不利影响。存在的对独立性可能产生影响的所有关系和其他事项。

（2）改善措施。针对不利影响所采取的防范措施，包括法律法规和职业规范规定的防范措施、被审计单位采取的防范措施，以及会计师事务所内部自身的防范措施。

（二）对上市实体审计沟通的特别要求

如果被审计单位是上市实体，除了沟通以上事项外，注册会计师应当就审计项目组成员、会计师事务所其他相关人员以及会计师事务所和网络事务所按照相关职业道德要求保持了独立性作出声明。

对上市实体即使不存在对独立性的不利因素，也需要提供书面声明。

【补充事项】

注册会计师可能注意到一些补充事项，虽然这些事项不一定与监督财务报告流程有关，但对治理层监督被审计单位的战略方向或与被审计单位受托责任相关的义务很可能是重要的。这些事项可能包括与治理结构或过程有关的重大问题、缺乏适当授权的高级管理层作出的重大决策或行动。

二、业务要点

（1）确定重大审计会计事项。

（2）重大审计会计事项沟通。

三、知识点

重大事项的沟通、关键审计事项的沟通。

（一）确定重大审计会计事项

通过执行控制测试、实质性测试程序，确定重大审计会计事项，具体包括如下几个方面。

(1) 审计范围受到限制,导致注册会计师无法实施必要的审计程序,如被审计单位未提供合并范围内公司的财务报表、未提供存货盘点表、未提供函证清单等。

(2) 注册会计师对某项重要业务的会计处理意见与被审计单位管理层发生分歧,如对销售收入采用全额法确认还是采用差额法确认、某项在建工程是否达到转固的条件等。

(3) 对持续经营的考虑与管理层发生意见分歧。

(4) 对审计计划的调整,如扩大存货的抽盘范围。

(5) 关键审计事项。

(二) 重大审计会计事项沟通

(1) 沟通的时间安排。审计过程中遇到的重大审计会计事项,应及时沟通(可以电话口头沟通,必要时进行书面沟通)。

(2) 具体沟通。例如,注册会计师认为获取应收账款的函证回函是必要的审计程序。审计人员在实施应收账款函证程序时,需要被审计单位提供函证清单,但是向被审计单位提出需要函证清单的要求后,被审计单位因各种原因迟迟未能提供,导致注册会计师无法获得充分、适当的审计证据。现场负责经理向项目合伙人反映情况后,项目合伙人及时与被审计单位财务总监电话沟通,要求财务总监督促相关人员尽快提供审计所需的函证清单,否则将对最后出具的审计报告意见类型产生影响。

向财务总监反映情况后,被审计单位很快便提供了函证清单,审计人员顺利地完成了函证工作。

任务 5-3　项目访谈与备忘录编制

一、业务了解

审计项目访谈是注册会计师在审计过程中为了获取有关信息,与被审计单位内部或外部人员直接进行的面对面口头交流,是一种重要的审计数据收集技术。在审计调查中,对相关人员的访谈和询问是必不可少的一项内容,高效的访谈工作能让审计人员迅速锁定疑点、摸排线索,及时发现问题所在。

二、业务要点

(1) 项目访谈程序的要求与方法。

（2）项目访谈程序的具体形式。

三、知识点

审计执业中的访谈要求、访谈内容、访谈形式。

（一）审计执业中的访谈程序类型

（1）审计首次会议时的访谈。首次会议的访谈是指审计项目组和客户管理层进行的第一次面对面交谈，其目的在于说明审计目的、审计范围和要求客户协助的事项，并期望客户介绍情况，以便对审计对象有进一步了解。审计人员最好在会谈开始前事先发放审计宣传手册，并结合已经致送客户的审计通知书进行谈话，便于客户理解及会后阅读。

首次会面的访谈实际上还不是严格意义上的审计工作访谈，更多的是一种建立关系的接触和象征性的沟通。当客户的最高主管参加会议时，审计执行主管也应参加，这样有利于双方建立起融洽的关系。

（2）审计初步调查时的访谈。审计初步调查时的访谈是为了了解审计项目的总体情况，因此可能并没有经过正式的准备，而是随时就关心的情况做简短的会谈，会谈的场地也可能临时选择在调查地点，如库房、财务办公室等。但是，这时的访谈也要引起注册会计师的足够重视，事先应充分做好调查事项相关资料的准备工作并谨慎行事，避免产生不良印象，从而建立起客户对注册会计师的信任。

（3）审计实施阶段的访谈。由于此时进入主要的审计数据收集阶段，访谈的应用会比其他时间更多。此时访谈的目的有两个：一是获取审计信息，尤其是希望获取关于重要问题的信息，或者希望印证其他来源的信息；二是就审计建议同客户进行交流，这在双方存在不同意见时尤为必要。

（4）审计完成阶段的访谈。在审计报告发表以前，重大的审计结果应通过口头或书面形式提交给客户管理层，并召开会议加以讨论。会议前可以提交审计报告草稿，如果来不及拟出审计报告草稿，可以提交审计结果汇总表等相关材料作为会议的讨论基础。

（5）涉及舞弊的访谈。虽然审计师不是专职调查舞弊的专家，但是很多组织会要求审计师进行舞弊调查。还有的组织为了预防职务犯罪及尽早发现舞弊行为，规定所有职员定期参加访谈，而访谈工作的组织往往由内部审计部门负责。显然，与舞弊嫌疑人访谈或进行这样的"预防"访谈是一件很棘手的事情，需要特殊的访谈技巧。

（二）审计执业中的访谈要求

（1）应当提前进行"预习"，确定访谈重点，做到有备而来。开展审计访谈工作之前，一般需要对被审计单位规章制度、工作流程或人事安排之类的书面文件进行收集和了解，作为判断被审计单位内部管理运行基本情况的基础，并将其作为重要参考制定访谈提纲；除了将被审计单位"硬框架"搭建的情况摸清楚之外，还应尽量掌握被审计单位诸如年度总结、财务报表、预算编制与批复文件、重大事项的会议纪要之类能反映其日常管理及决策制定情况的资料，从这些资料中我们重点关注被审计单位的运行模式及风险点，即通过"了解运行模式－识别主要风险－设计控制点"来确定访谈关注的重点。

（2）应当划分访谈的细分对象，不同访谈中应各有侧重，确定不同的关注点。在实际工作中，可对访谈对象按职务级别进行细分，从领导到职工开展访谈。其中，与被审计单位领导的访谈侧重于了解其管理意识、规则意识是否强烈，如果单位领导这些方面意识薄弱，有效的管控体系也就失去了根基。例如，某单位领导在访谈中出现对本单位规章制度不了解、不重视，甚至抵触的态度，那么就可以预估该单位内部管控制度运行会存在问题。对中层干部和普通职工的访谈则侧重于了解具体的工作细节，如某项工作的分工、时间、地点、方式、监督手段等。因为在实际工作中往往有一些工作做法已经调整，而制度尚未同步或形成文件，通过这些工作，使我们了解书面制度与实际情况是否一致，为后面进一步审查打下基础。

（3）在访谈中应当适当扩大范围，隐含实际意图。在开始阶段的访谈中，尽量将提问范围扩大，适当宽泛一些，给访谈对象更大的发挥空间。比如对财务部门人员访谈时，直接问"单位预算是如何管理的？"就不如问"日常工作有哪些，具体做些什么？"这样让访谈对象更容易回答，而在其主动介绍的过程中往往能发掘一些事先没有关注到或是意料之外的细节，最后成为调查的突破口。同时，访谈时切忌照本宣科，完全按预设问题流水账式地向访谈对象求证，应提供不同角度的问题让对方自由发挥，从中充分捕捉每个细节，按实际情况及时调整访谈方向。

（4）在访谈中应当注意顺藤摸瓜，锁定疑点深入挖掘。在访谈过程中如遇到一些与自己理解不一致或者与常识矛盾的信息，很可能就是一条重要线索，一定要及时记录，对心存疑虑的地方及时追问、弄清原因，不怕露怯、防止漏过。对发现的线索，则要刨根问底、运用发散性思维从不同角度发问或引导访谈对象，直至疑惑解除。例如，访谈中对某单位某项财务管理措施执行是否到位心存疑虑，但难以印证自己的判断，可先不急于下结论，而是反问对方"你觉得某某业务有什么风险？"，再进一步追问"你认为你们的管控措施到位了吗？"。提诸如此类的问题，通过对方的解释，审计人员从对方视角看待问题，进而发现其中的漏洞。

（5）在访谈中，不怕重复，重要问题需要反复确认。访谈中，某些重要情况绝不可能通过一两次简单访谈就了解清楚，而是要从不同角度向不同的对象进行确认，避免蒙蔽上当，将从中发现的说法不一、前后矛盾的地方作为调查重点。当然，实际中存在某些工作只由一人经手，其他人不了解或不知情以及其他一些情况，使得我们只能向一个人求证，此时就有必要对某些问题进行反复确认，如怀疑其刻意隐瞒某些情况，审计人员可以考虑在谈话中选择适当时机，以不同角度多次切入，反复追问，既要有一定突然性（让对方来不及考虑），又要给对方施加一定压力。通过观察对方反应决定是否采取进一步措施。实践证明，这种来回来去的询问非常重要，有些问题就因此暴露了出来。

总之，审计人员访谈技能是一项综合素质，需要审计人员自身具备扎实的专业素养和丰富的行业经验，再结合上面谈到的一些沟通策略，多加练习、不断总结，最终一定能形成适合自己的访谈风格，成为一名优秀的审计人员。

任务5-4　项目指令与业务督导

一、业务了解

审计项目督导组这一形式是对审计组在项目审计实施过程中的有关工作进行检查、指导、协调、督促，以有效促进审计质量和效果的提高。督导内容主要包括：检查审计组依法行政总体情况，结合计划任务、上级要求和工作实际，及时调整工作部署；了解审计组在审计过程中遇到的困难和问题，提出指导性意见，需要协调的及时进行协调；总结阶段性审计工作经验，对一些好的方法、技巧及时加以推广；把握审计组执行廉政纪律情况，对苗头性、倾向性的行为，及时加以制止，做到防微杜渐。

二、业务要点

（1）审计计划阶段指令与督导。
（2）审计实施阶段指令与督导。
（3）审计完成阶段指令与督导。

三、知识点

项目合伙人发出的审计指令、项目合伙人进行的业务督导。

审计机构应根据审计工作的具体情况，建立审计督导制度，明确督导的目的、范围及各级督导人员的责任。项目合伙人对督导工作负主要责任。项目经理负责审计现场的督导工作。

对于重大或敏感的审计问题，审计机构负责人应直接进行督导。审计机构负责人应采取适当的措施，尽可能减少审计人员的专业判断风险。在督导工作中，应遵循重要性、谨慎性和客观性的原则。督导人员应根据审计人员的知识与技能，以及审计项目的复杂性，有重点地进行督导工作；实施督导时，应当保持应有的职业谨慎，进行合理的专业判断，降低审计风险；实施督导时，必须以事实为依据，做到客观公正。督导应当贯穿于审计项目的全过程，包括审计准备、审计实施和审计完成三个阶段。

督导人员应确保审计人员明确审计目标和审计责任，并具有完成审计项目所必需的知识和技能。督导人员应确保审计人员了解被审计单位的业务性质和需要特别关注的重大经营问题，制订可行的审计方案。督导人员应确认审计人员按批准后的审计方案实施必要的审计程序，针对新发现的重要问题修订审计方案，复核审计人员所编工作底稿的质量。

（一）审计计划阶段指令与督导

项目组主审对审计实施方案的质量负责。审计组主审应当及时组织编制审计实施方案，并采取以下措施提高方案的科学性和可操作性。

（1）充分调查了解被审计单位及其相关情况，确保调查了解的深度和效果。

（2）根据审计项目总体目标、被审计对象实际情况和审计人力及时间资源等，合理确定审计内容及重点。

（3）召开项目启动会，下发项目整体审计计划，统一标准，统一时间进度要求。

（二）审计实施阶段指令与督导

项目负责经理应当加强审计项目督导，采用重大事项及时汇报和审计周报定期汇报的方式跟踪检查审计实施方案的执行情况，督促落实审计事项，了解掌握审计人员的工作内容，对项目组提出的工作要求给予必要的指导，解决审计现场出现的问题。对不能胜任的审计人员，应当及时调整分工。

审计组应当根据审计进展及相关情况变化，按规定权限和程序及时调整审计实施方案。项目合伙人或项目负责经理应密切关注项目组发现的问题，对发现问题的处理情况进行持续督导。

(三)审计完成阶段指令与督导

项目合伙人或项目负责经理应在审计现场工作结束后督促各审计小组编制审计小结,审计小结是对审计计划阶段识别的审计风险评估、风险应对措施的执行情况、重大会计审计事项的处理意见、审计报告的意见类型等进行的全面总结。

审计小结应在总结各类工作底稿的基础之上进行,以能够归纳、支持审计报告的意见类型。

审计小结由项目现场负责人编制,并经项目合伙人复核。

项目现场负责人可以指定项目其他成员编制审计小结,但该编制人员最低级别为高级审计员,且审计小结必须经项目现场负责人复核。

即测即练

项目6　审计业务复核

知识目标

1. 项目组内业务复核的范围与要求。
2. 项目合伙人职责。
3. 项目质量控制复核要求。

技能目标

编制业务复核审计工作底稿。

思政目标

1. 树立正确"三观"，塑造良好人格。
2. 结合职业，渗透德品并重的职业品格。

思维导图

任务6-1　项目组内业务复核

一、业务了解

审计业务复核属于审计业务项目质量控制的范畴。执业质量是会计师事务所的生命线，是注册会计师行业维护公众利益的专业基础和诚信义务。加强业务质量控制制度建设，制定并实施科学、严谨的质量控制政策和程序，是维持会计师事务所执业质量、实现行业科学发展的重要制度保障和长效机制。

建立和保持质量控制制度（包括政策和程序），不仅是会计师事务所的责任，更是旨在为以下方面提供合理保证：

（1）会计师事务所及其人员按照法律法规和职业准则的规定履行职责，并根据这些规定执行业务；

（2）会计师事务所和项目合伙人出具符合具体情况的业务报告。

通常情况下，审计业务复核包括三个层次，即三级复核。

（1）项目组内业务复核：主要是项目经理（签字注册会计师）进行的全面复核。

（2）项目合伙人复核：主要是项目合伙人进行的重点复核。

（3）项目质量控制复核：主要是项目质量控制复核人员的独立复核。

二、业务要点

项目组内进行的业务复核主要包括项目组内部业务复核的基本内容和内部业务复核能够实现的目的两个方面工作，项目组内部业务复核的工作要点与基本工作流程如图6-1所示。

确定复核内容是否全面	已完成的审计计划，以及导致对审计计划作出重大修改的事项
	重要的财务报表项目
	特殊交易或事项，包括债务重组、关联方交易、或有事项等
	重要会计政策、会计估计的变更
	相关重大事项
	建议调整事项
	管理层声明书、股东会、董事会相关会议纪要，与客户重要沟通记录
	审计小结
	已审计财务报表和拟出具的审计报告
是否可以上述确定复核的事项	对项目经理实施的复核结果满意
	对重大错报风险的评估及采取的应对措施是恰当的，针对存在特别风险的审计领域，设计并实施了针对性的审计程序，且得出了恰当的审计结论
	项目组作出重大判断恰当合理
	提出的建议调整事项恰当合理，未更正错误无论是单独还是汇总起来对财务报表整体均不具有重大影响
	已审计财务报表的编制符合企业会计准则的规定，在所有重大方面公允反映了被审计单位的财务状况、经营成果和现金流量
	拟出具的审计报告措辞恰当、表述规范，已按照中国注册会计师审计准则的规定以审计证据为依据发表了恰当的审计意见

图6-1 项目组内部业务复核的工作要点与基本工作流程

三、知识点

项目组内业务复核定义及要求见表6-1。

表6-1 项目组内业务复核定义及要求

维度	阐述
定义	(1) 项目组,是指执行某项业务的所有合伙人和员工,以及为该项业务实施程序的所有其他人员,但不包括外部专家,也不包括为项目组提供直接协助的内部审计人员。 (2) 项目组内部复核,是指在项目组内部实施的复核
要求	会计师事务所应当制定与内部复核相关的政策和程序,对内部复核的层级、各层级的复核范围、执行复核的具体要求以及复核的记录要求等作出规定

任务6-2 项目合伙人重点复核

一、业务了解

(一) 项目合伙人的责任

项目合伙人,是指会计师事务所中负责某项审计业务及其执行,并代表会计师事务所在出具的审计报告上签字的合伙人。项目合伙人负责对业务执行实施指导、监督与复核。

项目合伙人应当对下列事项负责。

(1) 按照职业准则和适用的法律法规的规定指导、监督与执行审计业务。

(2) 出具适合具体情况的审计报告。

(3) 项目组按照会计师事务所复核政策和程序实施的复核。

(二) 对项目合伙人业务复核责任的具体要求

在审计报告日或审计报告日之前,项目合伙人应当通过复核审计工作底稿和与项目组讨论,确信已获取充分、适当的审计证据,支持得出的结论和拟出具的审计报告。

实务操作提示:项目合伙人无须复核所有审计工作底稿。

二、业务要点

项目合伙人或者是项目经理进行的复核业务工作也是确保提高财务报表审计业务工作质量的重要手段。业务复核工作要点与流程如图6-2所示。

确定是否完成诸多复核工作	已完成的审计计划,以及导致对审计计划作出重大修改的事项
	审计小结及涉及的相关重大事项
	存在特别风险的审计领域,以及采取的应对措施
	项目组作出的重大判断
	管理层声明书,股东大会、董事会相关会议纪要,与客户沟通记录及重要会谈记录,律师询证函复函
	审计工作完成核对表
	已审计财务报表和拟出具的审计报告
	管理建议书

实施上述复核后是否可以确定的事项	对项目经理实施的复核结果满意
	对重大错报风险的评估及采取的应对措施是恰当的,针对存在特别风险的审计领域,设计并实施了针对性的审计程序,且得出了恰当的审计结论
	项目组作出重大判断恰当合理
	提出的建议调整事项恰当合理,未更正错误无论是单独还是汇总起来对财务报表整体均不具有重大影响
	已审计财务报表的编制符合企业会计准则的规定,在所有重大方面公允反映了被审计单位的财务状况、经营成果和现金流量
	拟出具的审计报告措辞恰当、表述规范,已按照中国注册会计师审计准则的规定以审计证据为依据发表了恰当的审计意见

图 6-2 业务复核工作要点与流程

三、知识点

对项目合伙人的要求如表 6-2 所示。

表 6-2 对项目合伙人的要求

要求	具体内容
	(1) 会计师事务所应当制定政策和程序,在全所范围内统一委派具有足够专业胜任能力、时间,并且无不良执业诚信记录的项目合伙人执行业务。 (2) 会计师事务所应当按照质量管理体系的要求,对项目合伙人的委派进行复核

任务 6-3 项目质量控制复核

一、业务了解

(一) 项目质量控制复核的定义

项目质量控制复核,是指在审计报告日或审计报告日之前,项目质量控制复核人员对项目组作出的重大判断和在编制审计报告时得出的结论进行客观评价的过程。

(二) 项目质量控制复核的适用范围

项目质量控制复核适用于上市实体财务报表审计,以及会计师事务所确定需要实施项目质量控制复核的其他审计业务。

上市实体,是指其股份、股票或债券在法律法规认可的证券交易所报价或挂牌,或在法律法规认可的证券交易所或其他类似机构的监管下进行交易的实体。

(三) 项目质量复核人员的委派

(1) 会计师事务所应当在全所范围内(包括分所和分部)统一委派项目质量复核人员,并确保负责实施委派工作的人员具有必要的胜任能力和权威性。

(2) 负责委派项目质量复核人员的人员需要独立于项目组。因此,对于接受项目质量复核的项目,其项目组成员不能负责委派本项目的项目质量复核人员。

(四) 项目质量复核人员的资质要求

(1) 项目合伙人和项目组其他成员不得成为本项目的项目质量复核人员。

(2) 项目质量复核人员还应当同时符合下列要求:①具备适当的胜任能力,包括充足的时间和适当的权威性以实施项目质量复核。项目质量复核人员的胜任能力应当至少与项目合伙人相当。②遵守相关职业道德要求,并在实施项目质量复核时保持独立、客观、公正。③遵守与项目质量复核人员任职资质要求相关的法律法规(如有)。

(3) 为了确保项目质量复核人员的权威性和客观性,会计师事务所应当委派合伙人或类似职位的人员,或者会计师事务所外部的人员担任项目质量复核人员。在为某一具体项目委派项目质量复核人员时,会计师事务所应当充分考虑拟委派人员的胜任能力和客观性。

二、业务要点

项目质量控制复核要点如图 6-3 所示。

项目质量控制复核重点内容
项目质量控制复核之前进行的复核是否均已得到满意的执行
是否已复核项目组就本业务对本所独立性作出的评价,并认为该评价是恰当的
是否已复核项目组在审计过程中识别的特别风险以及采取的应对措施,包括项目组对舞弊风险的评估及采取的应对措施,认为项目组作出的判断和应对措施是恰当的
是否确定项目组已就存在的意见分歧、其他疑难问题或争议事项进行适当咨询,且咨询得出的结论是恰当的
是否已复核项目组与管理层和治理层沟通的记录以及与其沟通的事项,对沟通情况表示满意
是否已复核项目组就审计中识别的已更正和未更正的错误的重要程度作出的判断,并认为相应处理是恰当的
是否已复核已审计财务报表和拟出具的审计报告,认为已审计财务报表符合企业会计准则的规定,拟出具的审计报告已按照中国注册会计师审计准则的规定发表了恰当的审计意见
复核人员是否没有发现任何尚未解决的事项,使其认为项目组作出的重大判断及形成的结论不适当

图 6-3 项目质量控制复核要点

三、知识点

(一) 项目质量复核

项目质量复核定义及要求如表 6-3 所示。

表 6-3 项目质量复核定义及要求

项目	具体内容
定义	(1) 项目质量复核，是指在报告日或报告日之前，项目质量复核人员对项目组作出的重大判断及据此得出的结论作出的客观评价。 (2) 项目质量复核人员，是指会计师事务所中实施项目质量复核的合伙人或其他类似职位的人员，或者由会计师事务所委派实施项目质量复核的外部人员
要求	会计师事务所应当就项目质量复核制定政策和程序，并对下列业务实施项目质量复核。 (1) 上市实体财务报表审计业务。 (2) 法律法规要求实施项目质量复核的审计业务或其他业务。 (3) 会计师事务所认为，为应对一项或多项质量风险，有必要实施项目质量复核的审计业务或其他业务

(二) 项目质量复核工作底稿的内容

(1) 项目质量复核人员及协助人员的姓名。

(2) 已复核的业务工作底稿的识别特征。

(3) 项目质量复核人员确定项目质量复核已经完成的依据。

(4) 项目质量复核人员就无法完成项目质量复核或项目质量复核已完成所发出的通知。

(5) 完成项目质量复核的日期。

即测即练

项目 7　审计报告编制

知识目标

1. 列举试算平衡表的编制要点。
2. 描述出审计调整业务操作流程。
3. 说出审计报告编制要点。

技能目标

1. 正确编制试算平衡表。
2. 正确进行审计差异分析。
3. 能够编制项目业务整体情况总结。
4. 编制审计报告。

思政目标

1. 教育学生树立正确的人生观、价值观，爱岗敬业，遵守社会公德与职业道德。
2. 注重培养学生树立审计的思维方式，进而提高学生分析和解决问题的能力。
3. 引导学生树立社会主义核心价值观，激发学生的职业自豪感和社会责任感。

思维导图

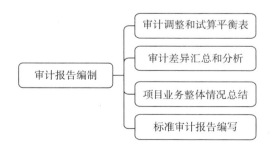

任务7-1 审计调整和试算平衡表

一、业务了解

（一）审计调整

1. 审计调整的概念

审计调整，是注册会计师在审计过程中，对通过实施审计程序发现的被审计单位财务报表中的错报进行的调整，是整个审计工作的重要组成部分之一。

通常情况下，被审计单位提供给注册会计师的财务报表称作"未审财务报表"，注册会计师通过实施审计程序，获取了充分、适当的审计证据后，可能会发现"未审财务报表"中存在的错报。

对于这些错报，注册会计师会根据错报的性质、金额、重要性水平等因素，通过职业判断错报对财务报表的影响程度，确定是否需要进行审计调整，最终形成"审后财务报表"。

审计调整工作流程如图7-1所示。

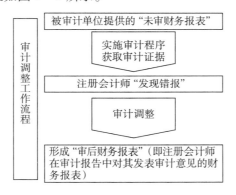

图7-1 审计调整工作流程

2. 审计调整的依据

审计调整的目的是使未审财务报表经过调整后符合企业会计准则和相关会计制度的规定，能够在所有重大方面公允地反映被审计单位的财务状况、经营成果和现金流量。

因此，审计调整首先要依据会计准则和相关会计制度的规定进行；其次，注册会计师在发现未审财务报表中存在的错报时，会结合计划的重要性水平进行判断，是否需要进行调整。例如，对于明显微小错报，注册会计师可能不进行审计调整。

注册会计师不需要对发现的所有错报都进行调整。

3. 审计调整的对象

由于财务报表审计业务是注册会计师对财务报表是否在所有重大方面按照企业会计准则的规定编制,公允反映被审计单位的财务状况以及经营成果和现金流量作出的合理保证,因此,审计调整的对象是财务报表项目,即对存在错报的财务报表项目进行调整,换而言之,审计调整就是"调表不调账"。

4. 审计调整的方法

审计调整通过编制审计调整分录的方法进行,形式上与会计核算时编制会计分录相同,不同的是审计调整使用的是"报表项目",而会计分录使用的是"会计科目"。

通常来讲,如果错报属于"漏报或少报",注册会计师就将"漏报或少报"的金额补充上;如果错报属于"多报",注册会计师会对"多报"的金额进行调减处理。

(二)试算平衡表

试算平衡表是注册会计师在被审计单位提供未审财务报表的基础上,考虑调整分录、重分类分录等内容以确定已审数与报表披露数的表式,或者说是注册会计师记录被审计单位未审财务报表经审计调整形成审后财务报表过程的电子表格。

被审计单位未审财务报表项目数据、审计调整项目数据、审后财务报表项目数据,分别体现在试算平衡表中,它可以清晰地反映未审财务报表调整为审后财务报表的变化过程。有关资产负债表和利润表的试算平衡表的参考格式分别见表7-1和表7-2。需要说明以下几点。

(1) 试算平衡表中的"期末未审数"和"审计前金额"列,应根据被审计单位提供的未审计财务报表填列。

(2) 试算平衡表中的"账项调整"和"调整金额"列,应根据经被审计单位同意的"账项调整分录汇总表"填列。

(3) 试算平衡表中的"重分类调整"列,应根据经被审计单位同意的"重分类调整分录汇总表"填列。

(4) 在编制完试算平衡表后,应注意核对相应的勾稽关系。例如,资产负债表试算平衡表左边的"期末未审数"列合计数、"期末审定数"列合计数应分别等于其右边相应各列合计数;资产负债表试算平衡表左边的"账项调整"列中的借方合计数与贷方合计数之差应等于右边的"账项调整"列中的贷方合计数与借方合计数之差;资产负债表试算平衡表左边的"重分类调整"列中的借方合计数与贷方合计数之差应等于右边的"重分类调整"列中的贷方合计数与借方合计数之差,等等。

表7-1 资产负债表试算平衡表

项目	期末未审数	账项调整 借方	账项调整 贷方	重分类调整 借方	重分类调整 贷方	期末审定数	项目	期末未审数	账项调整 借方	账项调整 贷方	重分类调整 借方	重分类调整 贷方	期末审定数
货币资金							短期借款						
以公允价值计量且变动计入当期损益的金融资产							以公允价值计量且变动计入当期损益的金融负债						
应收票据及应收账款							应付票据及应付账款						
预付款项							预收款项						
其他应收款							应付职工薪酬						
存货							应交税费						
持有待售资产							其他应付款						
一年内到期的非流动资产							持有待售负债						
其他流动资产							一年内到期的非流动负债						
							其他流动负债						
流动资产合计							流动负债合计						
可供出售金融资产							长期借款						
持有至到期投资							应付债券						
长期应收款							长期应付款						
长期股权投资							预计负债						
投资性房地产							递延收益						
固定资产							递延所得税负债						
在建工程							其他非流动负债						
工程物资							非流动负债合计						
固定资产清理													

续表

项目	期末未审数	账项调整		重分类调整		期末审定数	项目	期末未审数	账项调整		重分类调整		期末审定数
		借方	贷方	借方	贷方				借方	贷方	借方	贷方	
无形资产							股东权益						
开发支出							股本						
商誉							资本公积						
长期待摊费用							减:库存股						
递延所得税资产							其他综合收益						
其他非流动资产							专项储备						
非流动资产合计							盈余公积						
							未分配利润						
							归属于母公司股东权益合计						
							少数股东权益						
							股东权益合计						
资产合计							负债与权益合计						

表 7-2 利润表试算平衡表

被审计单位：	索引号：
项目：	财务报表截止日/期间：
编制日期：	复核日期：

	项目	审计前金额	调整金额		审定金额
			借方	贷方	
一、	营业收入				
	减：营业成本				
	税金及附加				
	销售费用				
	管理费用				
	研发费用				
	财务费用				
	减：利息费用				
	利息收入				
	资产减值损失				
	加：其他损益				
	投资收益				
	其中：对联营企业和合营企业的投资收益				
	公允价值变动收益				
	资产处置收益				
二、	营业利润				
	加：营业外收入				
	减：营业外支出				
三、	利润总额				
	减：所得税费用				
四、	净利润				
	（一）持续经营净利润				
	（二）终止经营净利润				
五、	其他综合收益的税后净额				
	（一）以后不能重分类进损益的其他综合收益				
	（二）以后将重分类进损益的其他综合收益				
六、	综合收益总额				

试算平衡表的局部内容如表 7-3 所示。

表7-3 试算平衡表的局部内容

报表项目	未审财务报表数据（1）	审计调整（2）	审后财务报表数据（1）+（2）
货币资金	11.00	-5.00	6.00
应收票据	12.00		12.00
应收账款	13.00		13.00
存货	14.00	5.00	19.00
…			
营业收入	20.00		20.00
营业成本	15.00		15.00
税金及附加	3.00		3.00
销售费用			
…			
销售商品、提供劳务收到的现金	30.00	-7.00	23.00
收到的税费返还			
收到其他与经营活动有关的现金	25.00	7.00	32.00
…			

二、业务要点

审计调整业务操作主要分为"发现"错报、"判断"错报和"调整"错报三个方面的工作，审计调整要点如图7-2所示。

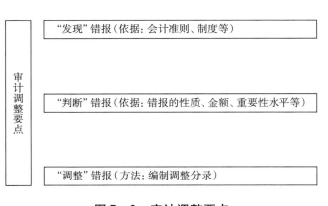

图7-2 审计调整要点

三、知识点

审计调整、试算平衡表。

任务 7-2 审计差异汇总和分析

一、业务了解

注册会计师在审计过程中,通过执行审计程序、获取审计证据,可能会发现的被审计单位的会计处理与相关会计准则、会计制度规定不一致的地方被称为审计差异。对于这些审计差异,注册会计师需要进行汇总并分析,综合判断其对财务报表的影响,并与被审计单位进行沟通,确定需要进行审计调整的事项。

二、业务要点

审计差异处理示意图如图 7-3 所示。

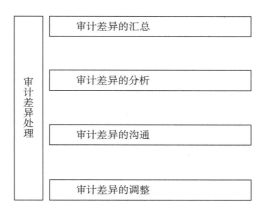

图 7-3 审计差异处理示意图

三、知识点

审计差异汇总、审计差异分析。

任务 7-3 项目业务整体情况总结

一、业务了解

项目业务整体情况总结,也称审计小结,是对审计计划阶段识别的审计风险评估、风险应对措施的执行情况、重大会计审计事项的处理意见、审计报告的意见类型等进行的全面总结。

（一）编制目的

审计小结应在总结各类工作底稿的基础之上进行，以归纳、支持审计报告的意见类型。

（二）编制与复核

审计小结由项目现场负责人编制，并经项目合伙人复核。

项目现场负责人可以指定项目其他成员编制审计小结，但该编制人员最低级别为高级审计员，且审计小结必须经项目现场负责人复核。

另外，审计小结应当对审计过程中识别的重大事项及其如何得到解决等进行详细说明。

1. 重大事项

（1）引起特别风险的事项。

（2）实施审计程序的结果，该结果表明财务信息可能存在重大错报，或需要修正以前对重大错报风险的评估和针对这些风险拟采取的应对措施。

（3）导致注册会计师难以实施必要审计程序的情形。

（4）导致出具非标准审计报告的事项。

2. 详细说明的内容

（1）重大事项的背景、被审计单位的会计处理及其对财务报表的影响。

（2）审计判断，包括所实施的审计程序及获得的证据、判断所依据的法律文件、征询事务所质量控制部门意见或所外专家意见。

（3）审计结论，包括对财务报表影响的消除程度、对审计意见的影响。

如重大事项涉及修正以前对重大错报风险的评估和针对这些风险拟采取的应对措施，还应描述以下内容。

①对以前重大错报风险评估结果的修正原因、内容及批准。

②对修正后的重大错报风险评估结果的应对措施。

③对进一步审计程序的总体方案的重大更改。

④对拟实施的进一步审计程序的重大更改。

二、业务要点

审计小结业务要点如图7-4所示。

项目7 审计报告编制

```
审计小结业务要点
├─ 被审计单位简介及其经营情况
├─ 审计业务范围及约定
├─ 独立性
├─ 评估的财务报表层次的重大错报风险及总体应对措施
├─ 评估的特别风险及应对措施
├─ 审计计划执行情况及修改
├─ 重新评估企业的内部控制运行有效性和舞弊风险
├─ 重要的会计和审计事项
├─ 利用专家的工作
├─ 报表总体分析性复核
├─ 审计差异汇总
├─ 计划重要性水平的再评估
├─ 基于持续经营假设的考虑
├─ 结论
└─ 提请下年度审计关注事项
```

图 7-4 审计小结业务要点

三、知识点

审计小结。

任务 7-4 标准审计报告编写

一、业务了解

（一）审计报告的含义与特征

审计报告是指注册会计师根据中国注册会计师审计准则的规定，在实施审计工作的基础上对被审计单位财务报表发表审计意见的书面文件。

审计报告是注册会计师在完成审计工作后向委托人提交的最终产品，具有以下特征。

（1）注册会计师应当按照中国注册会计师审计准则的规定执行审计工作。审计准则是用以规范注册会计师执行审计业务的标准，包括一般原则与责任、风险评估与应对、审计证据、利用其他主体的工作、审计结论与报告以及特殊领域审计六个方面的内容，涵盖了注册会计师执行审计业务的整个过程和各个环节。

（2）注册会计师在实施审计工作的基础上才能出具审计报告。注册会计师应当实施风险评估程序，以此作为评估财务报表层次和认定层次重大错报风险的基础。

风险评估程序本身并不足以为发表审计意见提供充分、适当的审计证据,注册会计师还应当实施进一步审计程序,包括实施控制测试(必要时或决定测试时)和实质性程序。注册会计师通过实施上述审计程序,获取充分、适当的审计证据,得出合理的审计结论,作为形成审计意见的基础。

(3)注册会计师通过对财务报表发表意见履行业务约定书约定的责任。财务报表审计的目标是注册会计师通过执行审计工作,对财务报表的合法性和公允性发表审计意见。因此,在实施审计工作的基础上,注册会计师需要对财务报表形成审计意见,并向委托人提交审计报告。

(4)注册会计师应当以书面形式出具审计报告。审计报告具有特定的要素和格式,注册会计师只有以书面形式出具报告,才能清楚表达对财务报表发表的审计意见。

注册会计师应当根据由审计证据得出的结论,清楚表达对财务报表的意见。财务报表是指对企业财务状况、经营成果和现金流量的结构化表述,至少应当包括资产负债表、利润表、所有者(股东)权益变动表、现金流量表和财务报表附注。无论是出具标准审计报告,还是出具非标准审计报告,注册会计师一旦在审计报告上签名并盖章,就表明对其出具的审计报告负责。

(二)审计报告的作用

注册会计师签发的审计报告,主要具有鉴证、保护和证明三方面的作用。

(1)鉴证作用。注册会计师签发的审计报告,不同于政府和内部的审计报告,是以超然独立的第三者身份,对被审计单位财务报表的合法性、公允性发表意见。这种意见具有鉴证作用,得到了政府及其各部门和社会各界的普遍认可。政府有关部门,如财政部门、税务部门等了解、掌握企业的财务状况和经营成果的主要依据是企业提供的财务报表。财务报表是否合法、公允,主要依据注册会计师审计报告作出判断。股份制企业的股东,主要依据注册会计师的审计报告来判断被投资企业的财务报表是否公允地反映了财务状况和经营成果,以进行投资决策等。

(2)保护作用。注册会计师通过审计,可以对被审计单位财务报表出具不同类型审计意见的审计报告,以提高或降低财务报表信息使用者对财务报表的信赖程度,能够在一定程度上对被审计单位的财产、债权人和股东的权益及企业利害关系人的利益起到保护作用。如投资者为了减少投资风险,在进行投资之前,需要查阅被投资企业的财务报表和注册会计师的审计报告,了解被投资企业的经营情况和财务状况。投资者根据注册会计师的审计报告作出投资决策,可以降低其投资风险。

(3)证明作用。审计报告是对注册会计师审计任务完成情况及其结果所做的总结，它可以表明审计工作的质量并明确注册会计师的审计责任。因此，审计报告可以对审计工作质量和注册会计师的审计责任起证明作用。通过审计报告，可以证明注册会计师在审计过程中是否实施了必要的审计程序，是否以审计工作底稿为依据发表审计意见，发表的审计意见是否与被审计单位的实际情况相一致，审计工作的质量是否符合要求。通过审计报告，可以证明注册会计师对审计责任的履行情况。

（三）审计意见的形成

注册会计师应当评价根据审计证据得出的结论，以作为对财务报表形成审计意见的基础。在对财务报表形成审计意见时，注册会计师应当根据已获取的审计证据，评价是否已对财务报表整体不存在重大错报获取了合理保证。

审计证据是指注册会计师为了得出审计结论、形成审计意见而使用的所有信息，包括财务报表依据的会计记录中含有的信息和其他信息。因此，注册会计师应当获取充分、适当的审计证据，以得出合理的审计结论，作为形成审计意见的基础。

注册会计师对审计结论的评价贯穿于审计的全过程。

（1）注册会计师应当根据实施的审计程序和获取的审计证据，评价对认定层次重大错报风险的评估是否仍然适当。

（2）财务报表审计是一个累积和不断修正信息的过程。随着计划的审计程序的实施，如果获取的信息与风险评估时依据的信息有重大差异，注册会计师应当考虑修正风险评估结果，并据以修改原计划的其他审计程序的性质、时间和范围。

（3）在实施控制测试时，如果发现被审计单位控制运行出现偏差，注册会计师应当了解这些偏差及其潜在的后果，并确定已实施的控制测试是否为信赖控制提供了充分、适当的审计证据，是否需要实施进一步的控制测试，或实施实质性程序以应对潜在的错报风险。

（4）注册会计师不应将审计中发现的舞弊或错误视为孤立发生的事项，而应当考虑其对评估的重大错报风险的影响。在完成审计工作前，注册会计师应当评价是否已将审计风险降至可接受的低水平，是否需要重新考虑已实施审计程序的性质、时间和范围。

（5）在形成审计意见时，注册会计师应当从总体来评价是否已经获取充分、适当的审计证据，以将审计风险降至可接受的低水平。注册会计师应当考虑所有相关的审计证据，包括能够印证财务报表认定的审计证据和与财务报表认定相矛盾的审计证据。

（四）审计报告的类型

审计报告分为标准审计报告和非标准审计报告。

当注册会计师出具的无保留意见的审计报告不附加说明段、强调事项段或任何修饰性用语时，该报告称为标准审计报告。标准审计报告包含的审计报告要素齐全，属于无保留意见，且不附加说明段、强调事项段或任何修饰性用语。否则，不能称为标准审计报告。

非标准审计报告，是指标准审计报告以外的其他审计报告，包括带强调事项段的无保留意见的审计报告和非无保留意见的审计报告。非无保留意见的审计报告包括保留意见的审计报告、否定意见的审计报告和无法表示意见的审计报告。

二、业务要点

审计报告要点如图 7-5 所示。

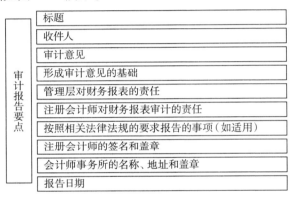

图 7-5　审计报告要点

三、知识点

审计报告编写。

即测即练

中篇
购产销业务循环审计

项目 8　审计销售与收款业务循环

知识目标

1. 了解销售与收款循环的主要业务活动。
2. 了解销售与收款循环控制测试的要点。
3. 熟悉销售与收款循环中涉及的主要凭证和会计记录。
4. 理解销售与收款循环实质性程序的设计。
5. 掌握应收账款函证程序。

技能目标

1. 会对应收账款进行函证。
2. 会调查销售已收款环节的内部控制。

思政目标

1. 教育学生诚信待人，诚信做事，珍惜声誉，不为名利所诱惑。
2. 培养学生勇于担当、敢于负责的精神，增强他们的责任感和使命感。
3. 培养学生的判断力，教育其用马克思主义的立场、观点和方法分析问题，明辨是非，明辨事理。

思维导图

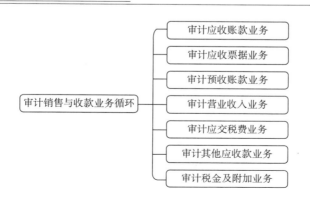

任务8-1　审计应收账款业务

一、业务了解

（一）业务介绍

1. 应收账款的概念

应收账款是指企业在正常的经营过程中因销售商品、产品、提供劳务等业务，应向购买单位或接受劳务单位收取的款项，包括应由购买单位或接受劳务单位负担的税金、代购买方垫付的包装费及各种运杂费等。此外，在有销售折扣的情况下，还应考虑商业折扣和现金折扣等因素。

应收账款是伴随企业的销售行为发生而形成的一项债权。因此，应收账款的确认与收入的确认密切相关。通常在确认收入的同时，确认应收账款。该账户按不同的购货或接受劳务的单位设置明细账户进行明细核算。

应收账款表示企业在销售过程中被购买单位所占用的资金。企业应及时收回应收账款以弥补企业在生产经营过程中的各种耗费，保证企业持续经营。对于被拖欠的应收账款应采取措施，组织催收。对于确实无法收回的应收账款，凡符合坏账条件的，应在取得有关证明并按规定程序报批后，做坏账损失处理。

2. 应收账款审计的概念和流程

（1）应收账款审计的概念。应收账款审计是指对企业因出售物品或提供劳务等，应向购买单位或接受劳务单位收取的款项进行审计。应收账款是因赊销而形成的，可能会因日后无法收回造成坏账损失，严重影响企业的经济业绩和现金流量。因此审计人员对企业赊销商品必须严加审核。同时，应收账款的发生往往与收入的虚构相关，因此，审计中多结合销售业务的审计一并进行。

（2）应收账款审计的流程。

第一步，获取企业的明细账、总账（或科目余额表）、账龄分析表、企业资产减值准备管理办法、坏账损失核销管理办法、关联方名录等。

第二步，获取或编制应收账款明细表并复核。

第三步，应收账款函证。

第四步，对大额、异常项目及未能收到回函的项目进行替代测试。

第五步，检查应收账款坏账准备的计提是否正确。

第六步，关联方往来检查。

第七步，与相关科目核对，编制交叉索引。

第八步，与报表附注进行核对。

第九步，其他需执行的程序。

3. 应收账款审计的意义

应收账款审计是企业财务审计中一项非常重要的内容。加强企业的应收账款审计，是做好资产、负债、损益审计工作的主要内容之一，这对于加速企业资金周转、减少资金占用、提高资金利用率及促进资产保值增值都具有重要意义。

（二）流程图

（1）应收账款的流程如图 8-1 所示。

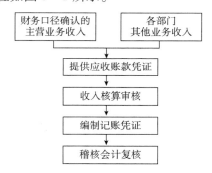

图 8-1 应收账款的流程

（2）应收账款审计的流程如图 8-2 所示。

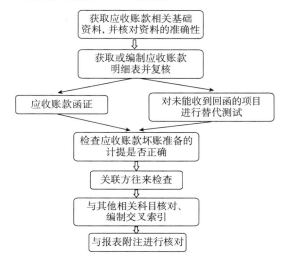

图 8-2 应收账款审计的流程

二、知识点

应收账款账龄分析、应收账款函证程序、应收账款替代审计程序。

三、审计目标与认定的关系

（1）确定资产负债表中记录的应收账款是否存在（存在）。

（2）确定所有应当记录的应收账款是否均已记录（完整性）。

（3）确定记录的应收账款是否由该企业拥有或控制（权利和义务）。

（4）确定应收账款是否以恰当的金额包括在财务报表中，与之相关的计价调整是否已恰当记录（准确性、计价和分摊）。

（5）确定应收账款是否已按照企业会计准则的规定在财务报表中作出恰当列报和披露（列报）。

任务 8-2　审计应收票据业务

一、业务了解

（一）应收票据的概念

应收票据是由付款人或收款人签发、由付款人承兑、到期无条件付款的一种书面凭证。应收票据按承兑人不同分为商业承兑汇票和银行承兑汇票，按其是否附息分为附息商业汇票和不附息商业汇票。商业汇票既可以依法背书转让，也可以向银行申请贴现。

在我国，应收票据是指企业持有的未到期或未兑现的商业票据，是一种载有一定付款日期、付款地点、付款金额和付款人的无条件支付的流通证券，也是一种可以由持票人自由转让给他人的债权凭证。

根据我国现行法律的规定，商业汇票的付款期限不得超过6个月，符合条件的商业汇票的持票人，可以持未到期的商业汇票和贴现凭证向银行申请贴现。

企业因销售商品、产品、提供劳务等而收到的商业汇票，按商业汇票的票面金额，借记本科目，按实现的营业收入，贷记"主营业务收入"等科目，按专用发票上注明的增值税额，贷记"应交税费——应交增值税（销项税额）"科目。

企业持未到期的应收票据向银行贴现，应按实际收到的金额（即减去贴现息后的净额），借记"银行存款"科目，按贴现息部分，借记"财务费用"等科目，按商业汇票的票面金额，贷记本科目（符合金融资产转移准则规定的金融资产终止确认条件的）或"短期借款"科目（不符合金融资产转移准则规定的金融资产终止确认条件的）。

企业将持有的商业汇票背书转让以取得所需物资时,按应计入取得物资成本的金额,借记"物资采购"或"原材料""库存商品"等科目,按可抵扣的增值税额,借记"应交税费——应交增值税(进项税额)"科目,按商业汇票的票面金额,贷记本科目,如有差额,借记或贷记"银行存款"等科目。

商业汇票到期,应按实际收到的金额,借记"银行存款"科目,按商业汇票的票面金额,贷记本科目。

常见的票据种类如下。

(1) 银行承兑汇票如图8-3所示。

图8-3 银行承兑汇票

银行承兑汇票是什么?是商业汇票的一种,它是指由在承兑银行开立存款账户的存款人签发,向开户银行申请并经银行审查同意承兑的,保证在指定日期无条件支付确定的金额给收款人或持票人的票据。对出票人签发的商业汇票进行承兑是银行基于对出票人资信的认可而给予的信用支持。银行承兑汇票的主要投资者是货币市场共同基金和市政实体。其特点是:信用好,承兑性强,灵活性高,有效节约了资金成本。用银行承兑汇票为商业交易融资称为承兑融资。

(2) 商业承兑汇票如图8-4所示。

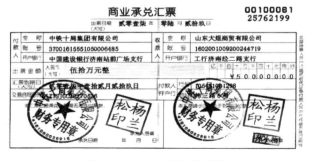

图8-4 商业承兑汇票

商业承兑汇票，简称商票，是由企业直接签发的、用于买方远期支付给卖方的资金的信用凭证。首先企业从银行买回商业承兑汇票。买卖双方企业在交易过程中，约定使用商业承兑汇票支付。买方开出商业承兑汇票，盖上自己的财务章，然后交给卖方，卖方拿到商业承兑汇票后，在票据到期日的前三天将票据交回给买方的银行，请求买方的银行从买方的账户上划款给卖方。商业承兑汇票可以由付款人签发并承兑，也可以由收款人签发交由付款人承兑。商业承兑汇票是由银行以外的付款人承兑的票据。

商业承兑汇票和银行承兑汇票的承兑人不同，决定了商业承兑汇票是商业信用，银行承兑汇票是银行信用。目前银行承兑汇票一般由银行签发并承兑，而商业承兑汇票可以不通过银行签发并背书转让，但在信用等级和流通性上低于银行承兑汇票，在银行办理贴现的难度较银行承兑汇票高。

（3）电子银行承兑汇票。电子银行承兑汇票是纸质银行承兑汇票的继承和发展（图8-5），电子银行承兑汇票所体现的票据权利义务关系与纸质银行承兑汇票没有区别，不同之处是电子银行承兑汇票以数据电文形式替代原有的纸质实物票据，以电子签名取代实体签章，以网络传输取代人工传递，以计算机录入代替手工书写，实现了出票、流转、兑付等票据业务过程的完全电子化。

图8-5 电子银行承兑汇票

（二）应收票据审计的概念及流程

1. 应收票据审计的概念

应收票据是以书面形式表现的债权资产，其款项具有一定的保证，经持有人背书后可以提交银行贴现，具有较大的灵活性。由于应收票据是在企业赊销业务中产生的，因此，对应收票据的审计也必须结合企业赊销业务一起进行。企业通过应收票据进行赊销时，一般要进行销货、收取票据、计息、贴现、收款等活动，在此过程中要涉及一些凭证和账簿，这些都是应收票据审计的范围。

2. 应收票据审计的流程

（1）获取或编制应收票据明细表，复核加计正确，并核对其期末余额合计数与报表数、总账数和明细账合计数是否相符。

（2）监盘库存票据。

（3）必要时，抽取部分票据向出票人函证，证实其存在性和可收回性，编制函证结果汇总表。

（4）检查有疑问的商业票据是否曾经更换或转期，或向出票人函询，以确定其兑现能力。

（5）验明应收票据的利息收入是否均已正确入账。

（6）对于已贴现的应收票据，审计人员应审查其贴现额与利息额的计算是否正确，会计处理方法是否适当。复核、统计已贴现以及已转让但未到期的应收票据的金额。

（7）验明应收票据在会计报表上的披露是否恰当。审计人员应检查被审计单位资产负债表中应收票据项目的数额是否与审定数相符，是否剔除了已贴现票据，是否将贴现的商业承兑汇票在报表下端补充资料内的"已贴现的商业承兑汇票"项目中加以反映。

（三）应收票据审计的意义

近年来，应收票据的舞弊行为越来越严重，表现多种多样，使会计信息失真，国家有关部门得不到真实的会计信息，扰乱了经济秩序，破坏了经济生活。因此，对应收票据进行审计有着重要的现实意义。

二、流程图

（1）应收票据流程如图8-6所示。

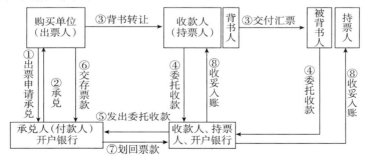

图8-6 应收票据流程

(2) 应收票据审计流程如图8-7所示。

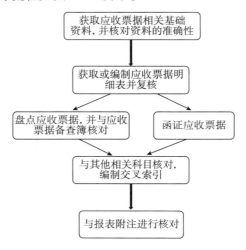

图8-7 应收票据审计流程

三、知识点

应收票据盘点，应收票据函证，应收票据披露。

四、审计目标与认定的关系

(1) 确定应收票据是否存在（存在）。
(2) 确定应收票据是否归被审计单位所有（权利和义务）。
(3) 确定应收票据增减变动的记录是否完整（完整性）。
(4) 确定应收票据是否有效、可否收回（准确性、计价和分摊）。
(5) 确定应收票据年末余额是否正确（准确性、计价和分摊）。
(6) 确定应收票据在会计报表上的披露是否恰当（列报）。

任务8-3 审计预收账款业务

一、业务了解

(一) 预收账款的概念

预收账款是指企业按照合同规定或交易双方之约定，而向购买单位或接受劳务的单位在未发出商品或提供劳务时预收的款项。其一般包括预收的货款、预收购货定金等。企业在收到这笔钱时，商品或劳务的销售合同尚未履行，因而不能作为收入入账，只能确认为一项负债，即贷记"预收账款"账户。企业按合同规定提供商品或劳务后，再根据合同的履行情况，逐期将未实现收入转成已实现收入，即借记"预收账款"账户，贷记有关收入账户。预收账款的期限一般不超过1年，通常应作为一项流动负债反映在各期末的资产负债表上，若超过1年（预收在1年以上提供商品或劳务）则称为"递延款项"，单独列示在资产负债表的负债与所有者权益之间。在构建财务保障体系的时候，千万不要忘了预收账款是一种负债。

（二）预收账款审计的概念和流程

1. 预收账款审计的概念

预收账款审计是指对企业按照合同规定向购货单位预收的款项的账务处理等方面进行审计。预收账款审计关注企业预先收取的部分货款，这些货款在企业销售业务成立以前收取，用于未来商品或服务的交付。由于预收账款是随着企业销货业务的发生而发生的，因此审计人员应结合企业销货业务对预收账款进行审计。

2. 预收账款审计的流程

第一步，取得企业的明细账、总账（或科目余额表），客户往来余额表。

第二步，获取或编制明细表并复核。

第三步，函证预收款项。

第四步，检查长期挂账预收款项的原因。

第五步，检查预收账款是否应结转收入。

第六步，与其他相关科目核对、编制交叉索引。

第七步，与报表附注进行核对。

第八步，其他需执行的程序。

（三）预收账款审计的意义

由于被审计单位情况各异，经营责任者的意图亦不相同，有的经营者想以丰补歉，留有余地，可能会低估收入，未将预收账款及时确认收入或将本期已实现的收入计入预收账款，延期确认。因此，其记录的真实性、完整性及相关余额的准确性为其主要的审计意义。

由于预收账款是随着企业销售交易的发生而发生的，其发生记录及余额的反映与单位的销售及收款或生产方式相关联。要实现这一目标，需要审计人员首先了解被审计单位的销售政策、收款政策、生产方式（工程施工单位），且与销售收入的审计相结合，从而判断其业务发生记录及余额的合理性，为下一步确定审计重点打下基础。

二、流程图

(1) 预收账款流程如图 8-8 所示。

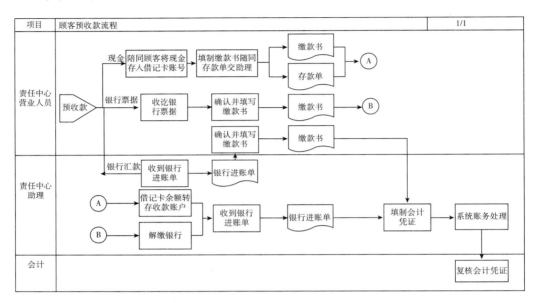

图 8-8 预收账款流程

(2) 预收账款审计流程如图 8-9 所示。

图 8-9 预收账款审计流程

三、知识点

预收账款的账龄划分，预收账款的函证，预收账款的披露。

四、审计目标与认定的关系

（1）确定资产负债表中记录的预收账款是否存在（存在）。

（2）确定所有应当记录的预收账款是否均已记录（完整性）。

（3）确定记录的预收账款是否是被审计单位应履行的现时义务（权利和义务）。

（4）确定预收账款是否以恰当的金额包括在财务报表中，与之相关的计价调整是否已恰当记录（准确性、计价和分摊）。

（5）确定预收账款是否已按照企业会计准则的规定在财务报表中作出恰当列报（列报）。

任务8-4 审计营业收入业务

一、业务了解

（一）营业收入的概念

营业收入是从事主营业务或其他业务所取得的收入，指在一定时期内，企业销售商品或提供劳务所获得的货币收入。按照是否为主营业务，其可分为主营业务收入和其他业务收入。如商业企业的商品销售收入、生产加工企业的产品销售收入、饮食业的饮食品销售收入、服务业的服务收入、仓储企业的仓储收入、运输企业的运费收入、代办运输收入等。

企业销售商品或提供劳务实现的收入，应按实际收到或应收的金额，借记"银行存款""应收账款""应收票据"等科目；按确认的营业收入，贷记本科目。

采用递延方式分期收款、具有融资性质的销售商品或提供劳务满足收入确认条件的，按应收合同或协议价款，借记"长期应收款"科目，按应收合同或协议价款的公允价值（折现值），贷记本科目，按其差额，贷记"未实现融资收益"科目。

以库存商品进行非货币性资产交换（非货币性资产交换具有商业实质且公允价值能够可靠计量）、债务重组的，应按该产成品、商品的公允价值，借记有关科目，贷记本科目。

本期（月）发生的销售退回或销售折让，按应冲减的营业收入，借记本科目，按实际支付或应退还的金额，贷记"银行存款""应收账款"等科目。

注意：上述销售业务涉及增值税销项税额的，还应进行相应的处理。

营业收入是企业补偿生产经营耗费的资金来源。营业收入的实现，关系到企业再生产活动的正常进行，加强营业收入管理，可以使企业的各种耗费得到合理补偿，有利于再生产活动的顺利进行。营业收入是企业的主要经营成果，是企业取得利润的重要保障。加强营业收入管理是实现企业财务目标的重要手段之一。营业收入是企业现金流入量的重要组成部分。加强营业收入管理，可以促使企业深入研究和了解市场需求的变化，以便作出正确的经营决策，避免盲目生产，这样可以提高企业的素质、增强企业的竞争力。

（二）营业收入审计的概念及流程

1. 营业收入审计的概念

对企业在销售商品、提供劳务等主营业务活动中所产生的收入，以及企业确认的除主营业务活动以外的其他经营活动实现的收入进行审计。重点采用实质性程序对营业收入进行审计。

2. 营业收入审计的流程

第一步，取得企业的明细账、总账（或科目余额表）、产品价格目录、销售合同台账、大额销售合同等资料。

第二步，获取或编制营业收入明细表并复核。

第三步，执行营业收入分析性程序。

第四步，检查收入确认条件及定价政策，检查关联销售、内部销售。

第五步，抽查发货凭证，追查至发票、销售合同、记账凭证。

第六步，抽查记账凭证，追查至发票、发货凭证、销售合同。

第七步，进行截止性测试。

第八步，与其他相关科目核对、编制交叉索引。

第九步，与报表附注进行核对。

第十步，其他需执行的程序。

（三）审计技巧

为提高审计效率和审计报告质量，审计人员应当凭借专业胜任能力和所掌握的审计证据作出正确判断，采用一些有效的方法来准确地审查企业有无瞒报主营业务收入的行为以及瞒报的金额。下面总结出几个企业瞒报主营业务收入的审计技巧。

（1）深入了解被审计单位基本情况，评价其内部控制。了解被审计单位情况，可从宏观经济环境、行业情况和被审计单位内部情况三个方面进行。宏观经济环境指国民经济的景气程度、利率、汇率、财政、货币、税收、贸易政策等。行业情况指所在行业的市场供求与竞争状况，生产经营的周期性和季节性，产品生产技术的变化，能源供应与成本。被审计单位内部情况主要包括所有者及其构成、企业组织结构、生产、业务流程、经营管理情况、财务状况、会计报表编报环境和适用的法规等。了解被审计单位情况有助于理解被审计单位财务状况和经营成果的变化或发现某些异常情况：经济不景气可能带来应收账款催收困难；社会技术进步可能导致企业产品落后、市场占有率减小、主营业务收入减少或毛利率降低。了解这些因素，有助于审计人员评估被审计单位财务报表有无重大错误或舞弊的可能性，判断其是否存在隐瞒主营业务收入的动机和可能性。

了解被审计单位基本情况后，还要进一步了解并评价其收入循环的内部控制。一个健全的收入内部控制制度一般应包括销售业务授权制度、不相容职务分离及岗位职责制度、会计记录控制制度、定期稽核制度等。审计人员应了解这些制度是否完善、是否得到有效执行。

审计人员可以通过查阅以前年度的审计工作底稿、查阅被审计单位的内部控制制度、询问管理当局、观察收入循环的实际工作过程、与有关知情人员讨论、查阅行业资料等多种方法了解被审计单位基本情况和内部控制，并对内部控制进行评价，以确定实质性测试的性质、时间和范围。

（2）进行分析性复核。分析性复核是一个主要的审计方法和程序，通过分析性复核，可以发现企业有无隐瞒主营业务收入的迹象。分析性复核不仅针对主营业务收入，还应包括对存货和主营业务成本进行分析性复核。

对主营业务收入进行分析性复核，主要从四个方面着手：①对主营业务收入与上年度的主营业务收入进行比较，分析对比主营业务收入在结构、单价上的变动，并分析变动是否合理。②分析本年度各月主营业务收入的变动情况，分析重大波动的原因。③计算本年度及各个月份的销售利润率，并与同期和同行业平均水平进行比较，分析差异的原因。④计算本年度税负率（税负率＝本年累计应纳流转税额÷本年累计应税销售额×100%），并与同期和同行业平均水平进行比较，分析差异的原因。如果企业主营业务收入单价明显偏低，某些月份收入非正常原因减少比较明显，销售利润额增加而纳税额反而减少，或者税负率同上年同期相比大幅度下降的话，则极有可能企业有瞒报主营业务收入的行为。

对存货和主营业务成本进行分析性复核，要抓住三个环节：①分析比较同一产品历史同期的单位生产成本及其料、工、费比例结构，查明有无重大波动。②分析比较本年度与上年度主营业务成本总额，以及本年度各月份的主营业务成本金额，查明重大波动和异常情况的原因。③分析销售成本率，并与企业历史数据及同行业平均水平进行比较，看有无重大差异，分析差异的原因。

隐瞒收入的迹象也可通过对存货和主营业务成本的分析性复核来揭露，因为如果企业隐瞒了主营业务收入，在进项税额可抵扣的情况下企业一般不愿放弃可抵扣的进项税额，会将全部购入的原材料、燃料计入存货成本，那么，与隐瞒主营业务收入部分相配比的主营业务成本一定会比正常情况下偏高。即使企业搞账外经营，一部分存货不进入核算系统，其成本中工资、费用结构也会与正常情况有较大差异。通过对成本偏离程度可以估计增加成本的金额和数量，从而依据市场价格推算出隐瞒的收入。

（3）主营业务收入的账簿记录同有关会计凭证进行核对。采用顺查法检查销售业务的原始凭证，从出库单到发票，并追查至相应的记账凭证及明细账，确定销售收入是否真实、销售记录是否完整。顺查时一定要检查其出库单、发票是否连续编号。作废的出库单、发票是否按规定保留，内部控制制度是否完善并得到有效执行。出库单未开发票，发票未入账，入库单、发票未连续编号或虽然编号但作废的出库单、发票未按规定保留，内部控制失效等迹象，都表明企业有隐瞒收入的可能。通过顺查全部的出库单、发票，可以确定其提供出库单部分的隐瞒收入情况。

（4）检查相关会计处理。检查企业有关产品销售的账务处理是否符合《企业会计准则》《企业会计制度》的规定。①有无货款或价外收入不开发票通过预收（付）货款、应收（付）货款、其他应收（付）款、发出商品挂账或直接抵账的行为。②有无以物易物时，不做销售处理的行为。③有无视同销售行为不申报纳税等行为。④有无未按会计制度、会计准则、税收政策所规定的时点确定销售的行为。⑤有无销售自制半成品直接冲减生产成本的行为。⑥有无无正当理由将收入转为损失的行为。⑦有无将补收的销售收入计入营业外收入的行为。⑧有无将工业性劳务直接冲减成本的行为。这些可以通过检查销售合同、发货单、发运凭证、运输凭证、收款单、发票存根等原始凭证以及银行存款、现金、库存商品、生产成本、原材料等账户获得审计证据。

审计人员可以对被审计单位的主营业务收入管理、内部控制制度执行、存货收发情况进行察看和调查，如实际观察其入库、开票、发货等操作过程，或装扮成顾客直接购买，据此按图索骥，证实其账外经营是否存在。

（5）调查被审计单位的客户。对于那些交易频繁、交易量大的客户，采用函证或实地调查取证的方法获知其采购时间、数量和金额并与被审计单位的账面记录的时间、数量和金额进行核对，如有不符，应查明原因。此种方法往往能查出一些隐蔽的通过现金结算的主营业务收入。

（6）对主营业务收入实行截止测试。抽查资产负债表日前后若干天的主营业务收入的记账凭证与相关的发票、出库单、提货单、货运单等相核对。①检查资产负债表日前后若干天的出库单（或销售发票），观察截至资产负债表日销售记录有无跨期的现象。②审阅结账日前后的收入记录，与销售发票、发运单和运输凭证相核对，查明有无商品已发出而本期未记收入的情况。③调查重大跨期销售项目及其金额。

（7）盘点现金和存货。运用盘存法对现金和存货进行突击检查，将检查的结果与账面结存数进行核对，在调整未入账凭证后，分析产生差异的原因。如无正常原因且金额悬殊，则存在隐瞒收入的可能性。如现金有长款，很可能是收入未入账造成的；存货盘盈很多，很可能是账外经营的存货；存货盘亏很多，很可能是购进存货全部计入成本，而与未入账的主营业务收入配比的存货难以核减造成的。

主营业务收入与利润和税金有直接的联系与影响，其核算是否正确、合规，关系到国家、企业和个人各方面的利益。加强收入舞弊的防范，对于维护国家政策、法规、制度的严肃性，保护各方利益都具有十分重要的意义。因此，在审计中应下大力气重点审核主营业务收入的真实性、正确性和合法性。审计人员应根据被审计单位的基本情况、内部控制的有效性合理运用上述多种审计方法，努力提高审计效率和审计报告的质量，从而为提高会计信息质量、维护相关者利益、防止税收流失、兼顾国家利益和企业利益起到积极的促进作用。

开展营业收入审计，对促使企业提供真实、准确、完整的收入信息，提高企业经济效益、依法计算税利，维护社会经济秩序等方面都具有重要意义。

（四）营业收入审计的意义

（1）促使企业正确核算营业收入，提供真实、准确、完整的收入信息。通过营业收入审计，可以查阅各项收入的记录，核实产品销售的数量与计价，验算销售退回、销售折扣和销售折让，正确计算销售净收入，揭露营业收入业务中的错弊行为，促使企业采取措施，纠正错弊行为，调整账簿记录，如实反映企业营业收入的实际情况。

（2）促使企业加强营业收入管理，提高企业经济效益。通过营业收入审计，可以发现企业在营业收入管理中的薄弱环节和失控点，揭示企业在营业收入业务中漏收或少收等情况,针对存在的问题,提出加强营业收入管理的建议和措施,促使企业完善内部控制系统、强化重要环节、增设必要控制点、健全营业收入责任制度、提高营业收入管理人员的素质,使其在正确进行收入核算的基础上,开展收入的预测、决策和控制工作,以强化事前、事中收入管理的手段,努力开拓市场,增收节支,加速企业资金周转,增强企业竞争力,不断提高企业经济效益。

(3) 促使企业依法正确计算税利,维护财经法纪。营业收入的实现是企业计算税利的基础。通过营业收入审计,可以查明企业有无多记、少记或隐瞒收入的手段,以及人为调节企业税利的违纪行为。针对存在的问题,提出审计意见,促使企业按照国家有关规定正确核算企业收入,依法计算税利,及时足额地上缴税金。合理计算和分配利润,自觉地维护财经法纪,正确处理国家、集体和个人的经济利益关系。

二、流程图

(1) 营业收入确认基本流程如图 8-10 所示。

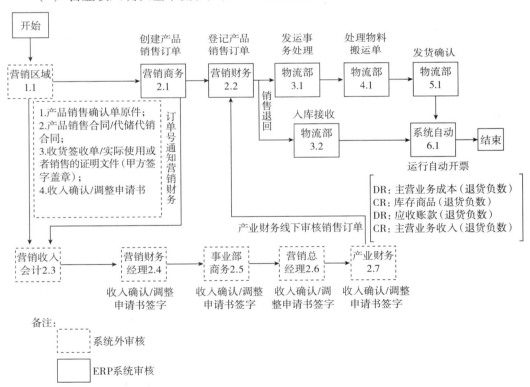

图 8-10 营业收入确认基本流程

（2）营业收入审计基本流程如图 8-11 所示。

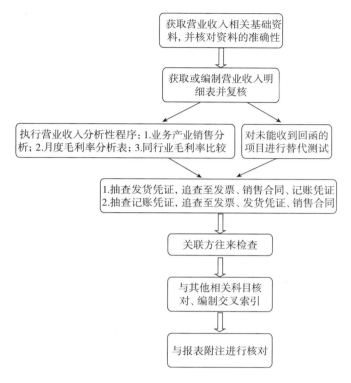

图 8-11　营业收入审计基本流程

三、知识点

收入准则、毛利率、营业利润率、营业收入增长率。

四、审计目标与认定的关系

（1）确定利润表中记录的营业收入是否已发生，且与被审计单位有关（发生）。

（2）确定所有应当记录的营业收入是否均已记录（完整性）。

（3）确定与营业收入有关的金额及其他数据是否已恰当记录，包括对销售退回、销售折扣与折让的处理是否适当（准确性、计价和分摊）。

（4）确定营业收入是否已记录于正确的会计期间（截止）。

（5）确定营业收入是否已按照企业会计准则的规定在财务报表中作出恰当的列报（列报）。

任务8-5 审计应交税费业务

一、业务了解

应交税费核算企业按照税法等规定计算应交纳的各种税费,包括增值税、消费税、所得税、资源税、土地增值税、城市维护建设税、房产税、土地使用税、车船税、教育费附加、矿产资源补偿费等,企业代扣代交的个人所得税等,也通过本科目核算。

"应交税费"科目可按应交的税费项目进行明细核算。

在增值税核算上,企业应当设置"应交增值税""未交增值税""预交增值税""待抵扣进项税额""待认证进项税额""待转销项税额""增值税留抵税额"等二级明细科目进行核算,其中"应交增值税"需要设置"进项税额""销项税额""已交税金""出口退税"等专栏进行核算。

(一)应交增值税

(1)企业采购物资等,按可抵扣的增值税额,借记本科目(应交增值税——进项税额),按应计入采购成本的金额,借记"材料采购""在途物资""原材料""库存商品"等科目;按应付或实际支付的金额,贷记"应付账款""应付票据""银行存款"等科目。购入物资发生的退货,做相反的会计分录。

由运输单位造成的采购物资短缺,运输单位予以全额赔偿的,应借记"银行存款"等科目,贷方按这部分物资的价款由"待处理财产损溢"转出,按这部分物资的增值税由"应交税费——应交增值税(进项税额转出)"予以转出。

(2)销售物资或提供应税劳务,按营业收入和应收取的增值税额,借记"应收账款""应收票据""银行存款"等科目,按专用发票上注明的增值税额,贷记本科目(应交增值税——销项税额),按实现的营业收入,贷记"主营业务收入""其他业务收入"科目。发生的销售退回,做相反的会计分录。

(3)实行"免、抵、退"的企业,按应收的出口退税额,借记"其他应收款"科目,贷记"应交增值税——出口退税"。

(4)企业本月交纳本月的增值税,借记"应交增值税——已交税金"科目,贷记"银行存款"科目。

(5)企业本月月底有未交增值税,借记"应交增值税——转出未交增值税"科目,贷记"应交税费——未交增值税"科目。下月缴纳时,借记"应交税费——未交增值税"科目,贷记"银行存款"科目。

(6) 小规模纳税人以及购入材料不能取得增值税专用发票的,发生的增值税应计入材料采购成本,借记"材料采购""在途物资"等科目,贷记"银行存款"等科目。

(二) 应交消费税、资源税和城市维护建设税

(1) 企业按规定计算应交的消费税、资源税、城市维护建设税,借记"税金及附加"等科目,贷记本科目(应交消费税、资源税、城市维护建设税)。

(2) 交纳的消费税、资源税、城市维护建设税,借记本科目(应交消费税、资源税、城市维护建设税),贷记"银行存款"等科目。

(三) 应交所得税

(1) 企业按照税法规定计算应交的所得税,借记"所得税费用"等科目,贷记本科目(应交所得税)。

(2) 交纳的所得税,借记本科目(应交所得税),贷记"银行存款"等科目。

二、了解税收相关行政法规

《中华人民共和国企业所得税法》(2018年第二次修正)

《中华人民共和国增值税暂行条例》(2017年修订)

《财政部关于印发〈增值税会计处理规定〉的通知》(财会〔2016〕22号)

三、审计人员在实务审计中的准备工作

(1) 审计人员应当了解被审计单位缴纳的各项税费种类,并了解税务机关的征收情况。若企业涉及税收优惠政策,则应当了解并收集税收优惠政策的文件及相关批复。

(2) 涉及的主要凭证和账簿:企业应交税费明细账、总账及有关会计凭证等相关资料。

(3) 需要收集的证据清单如下。

①各税种申报资料,如所得税汇算清缴、其他税项的税务确认资料等,一般收集最后一月的申报资料。若存在缓期纳税及延期纳税事项,应收集经过有权税务机关批准文件。

②纳税鉴定、各项税收优惠政策的减免税批准文件。

③若前三年经税务稽查,应当收集税务稽查报告及处理决定书等。

④若涉及出口或进口事项,应当收集出口或进口报关资料等。

四、流程图

（1）企业账务处理手工业务流程如图 8-12 所示。

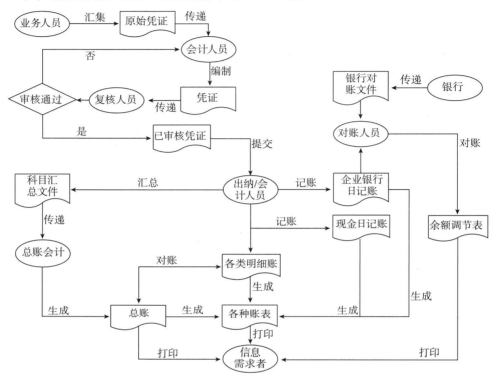

图 8-12 企业账务处理手工业务流程

（2）应交税费科目核算流程如图 8-13 所示。

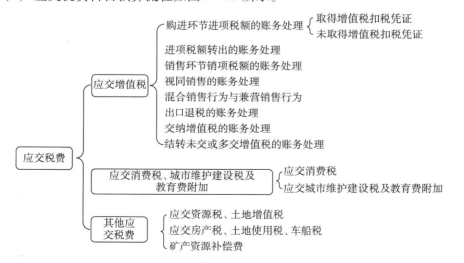

图 8-13 应交税费科目核算流程

(3) 应交税费审计流程如图 8-14 所示。

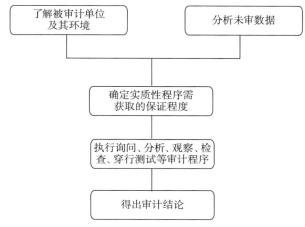

图 8-14 应交税费审计流程

五、知识点

增值税审计、企业所得税审计、消费税审计。

六、审计目标与认定的关系

(1) 确定资产负债表中记录的应交税费是否存在（存在）。

(2) 确定所有应当记录的应交税费是否均已记录（完整性）。

(3) 确定记录的应交税费是否为被审计单位应当履行的偿还义务（权利和义务）。

(4) 确定应交税费是否以恰当的金额包括在财务报表中，与之相关的计价调整是否已恰当记录（准确性、计价和分摊）。

(5) 确定应交税费是否已按照企业会计准则的规定在财务报表中作出恰当列报（列报）。

七、具体审计过程

(1) 获取或编制应交税费明细表：复核加计是否正确，并与报表数、总账数和明细账合计数核对是否相符；注意印花税、耕地占用税以及其他不需要预计应缴数的税金有无误入应交税费项目；分析存在借方余额的项目，查明原因，判断是否由被审计单位预缴税款引起。

(2) 首次接受委托时，取得被审计单位的纳税鉴定、纳税通知、减免税批准文件等，了解被审计单位适用的税种、附加税费、计税（费）基础、税（费）率，以及征、免、减税（费）的范围与期限。如果被审计单位适用特定的税基式优惠或税额式优惠或减低适用税率的，且该项税收优惠需办理规定的审批或备案手续的，应检查相关的手续是否完整、有效。连续接受委托时，关注其变化情况。

检查被免征审计单位获得税费减免或返还时的依据是否充分、合法和有效，审计师处理是否正确。

（3）核对期初未交税金与税务机关受理的纳税申报资料是否一致，检查缓期纳税及延期纳税事项是否经过有权税务机关批准。

（4）取得税务部门汇算清缴或其他确认文件、有关政府部门的专项检查报告、税务代理机构专业报告、被审计单位纳税申报资料等，分析其有效性，并与上述明细表及账面数据进行核对。对于超过法定交纳期限的税费，应取得主管税务机关的批准文件。

（5）检查应交增值税。以获取或编制应交增值税明细表，加计复核其正确性，并与明细账核对相符；将应交增值税明细表与被审计单位增值税纳税申报表进行核对，比较两者是否总体相符，并分析其差额的原因；抽查一定期间的进项税抵扣汇总表，与应交增值税明细表相关数额合计数核对，如有差异，查明原因并做适当处理；根据与增值税销项税额相关机构账户审定的有关数据，复核存货销售，或将存货用于项目投资、无偿馈赠他人、分配给股东（或投资者）应计的销项税额，以及将自产、委托加工的产品用于非应税项目的计税依据确定是否正确以及应计的销项税额是否正确计算，是否按规定进行会计处理；检查适用税率是否符合税法规定；取得《出口货物退（免）税申报表》及办理出口退税有关凭据，复核出口中转退税的计算是否正确、是否按规定进行了会计处理。

（6）检查应交城市维护建设税的计算是否正确。结合税金及附加等项目的审计，根据审定的计税基础和按规定适用的税率，复核被审计单位本期应交城市维护建设税的计算是否正确、是否按规定进行了会计处理。抽查本期已交城市维护建设税资料，确定已交数的正确性。

（7）获取或编制应交所得税测算表，结合所得税项目，确定应纳税所得额及企业所得税税率，复核应交企业所得税的计算是否正确，是否按规定进行了会计处理。抽查本期已交所得税资料，确定已交数的正确性。汇总纳税企业所得税汇算清缴，并按税法规定追加相应的程序。

（8）检查财务报表主表及其附注信息，确定应交税费是否已经按照企业会计准则的规定在财务报表中作出恰当列报。

（9）根据评估的舞弊风险等因素增加的审计程序。

任务8-6 审计其他应收款业务

一、业务了解

其他应收款是企业应收款项的另一重要组成部分。其他应收款科目核算企业除买入返售金融资产、应收票据、应收账款、预付账款、应收股利、应收利息、应收代位追偿款、应收分保账款、应收分保合同准备金、长期应收款等以外的其他各种应收及暂付款项。其他应收款通常包括暂付款，是指企业在商品交易业务以外发生的各种应收、暂付款项。

"其他应收款"账户用于核算企业除应收票据、应收账款、预付账款等以外的其他各种应收、暂付款项。在"其他应收款"账户下，应按其他应收款的项目分类，并按不同的债务人设置明细账。

企业拨出用于投资、购买物资的各种款项，不得在"其他应收款"科目核算。企业发生其他各种应收款项时，借记"其他应收款"科目，贷记有关科目。收回各种款项时，借记有关科目，贷记"其他应收款"科目。

实行定额备用金制度的企业，对于领用的备用金应当定期向财务会计部门报销。财务会计部门根据报销数用现金补足备用金定额时，借记"管理费用"等科目，贷记"现金"或"银行存款"科目，报销数和拨补数都不再通过"其他应收款"科目核算。

企业其他应收款与其他单位的资产交换，或者以其他资产换入其他单位的其他应收款等，比照"应收账款"科目的相关核算规定进行会计处理。

企业应当定期或者至少于每年年度终了对其他应收款进行检查，预计其发生的坏账损失，并计提坏账准备。企业对于不能收回的其他应收款应当查明原因、追究责任。对确实无法收回的，按照企业的管理权限，经股东大会或董事会，或经理（厂长）会议或类似机构批准作为坏账损失，冲销提取的坏账准备。

经批准作为坏账的其他应收款，借记"坏账准备"科目，贷记"其他应收款"科目。

已确认并转销的坏账损失，如果以后又收回，按实际收回的金额，借记"其他应收款"科目，贷记"坏账准备"科目。同时，借记"银行存款"科目，贷记"其他应收款"科目。"其他应收款"科目应按其他应收款的项目分类，并按不同的债务人设置明细账，进行明细核算。"其他应收款"科目期末借方余额，反映企业尚未收回的其他应收款。

对其他应收款内部控制制度检查时，应注意以下几点。

（1）被查单位是否建立了明确的职责分工制度。"其他应收款"的总账和明细账户的登记应由不同的职员分别进行。现金收款员不得从事其他应收款的记账工作。

（2）被查单位是否建立了备用金领用和报销制度，备用金限额的确定是否合理，实际执行是否严格按照制度控制。

（3）被查单位是否建立了包装物的收受、领发、回收、退回等制度，是否设专人保管，是否有单独的账簿记录。

（4）被查单位是否建立定期清理制度，其他应收款的催收工作是否及时等。

注意：①其他应收款或暂付款的发生是否真实、合理，有无转移挪用资金、套取现金、侵占公款、贪污等行为。②长期没有清理的其他应收款或暂付款的原因，有无未经批准或审批不当而发生的私人借款，应向职工收回的各种垫付款项是否及时收回，存出保证金是否合理并及时收回。③审查余额中有无呆账风险的账款。

其他应收款审计直接影响财务状况的客观反映，对企业的经济效益有着较大的影响，应该予以重视。

二、流程图

其他应收款审计流程如图 8-15 所示。

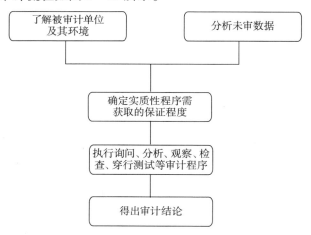

图 8-15　其他应收款审计流程

三、知识点

账龄划分，坏账准备，长期挂账款项，函证。

四、审计目标与认定的关系

(1) 确定被审计单位资产负债表中记录的其他应收款是否确实存在(存在)。

(2) 确定被审计单位所有应当记录的其他应收款是否均已记录完毕,有无遗漏(完整性)。

(3) 确定记录的其他应收款是否为被审计单位所拥有或控制(权利和义务)。

(4) 确定其他应收款是否以恰当的金额包括在财务报表中,与之相关的计价调整是否已恰当记录(准确性、计价和分摊)。

(5) 确定其他应收款是否已按照企业会计准则的规定,在财务报表中作出恰当的列报和披露(列报)。

任务8-7 审计税金及附加业务

一、业务了解

企业经营活动发生的消费税、城市维护建设税和教育费附加、资源税等相关税费,通过"税金及附加"科目核算。

消费税是对生产、委托加工及进口应税消费品(主要指烟、酒、化妆品、高档次及高能耗的消费品)征收的一种税。消费税的计税方法主要有从价定率、从量定额及从价定率和从量定额复合计税三种。从价定率是根据商品销售价格和规定的税率计算应交消费税,从量定额是根据商品销售数量和规定的单位税额计算应交的消费税,从价定率和从量定额复合计税是两者的结合。

城市维护建设税和教育费附加是对从事生产经营活动的单位和个人,以其实际缴纳的增值税、消费税税额为计税依据,按纳税人所在地适用的不同税率计算征收的一种税。

资源税是对在我国境内开采应税矿产品和生产盐的单位、个人征收的一种税,按应税数量和规定的单位税额计算。如开采石油、煤炭、天然气企业需按开采的数量计算缴纳资源税。

企业发生的增值税不在本科目核算。车船税、土地使用税等在"管理费用"科目核算,但与投资性房地产相关的房产税、土地使用税在本科目核算。期末,应将本科目余额转入"本年利润"科目,结转后本科目无余额。

二、流程图

（1）税金及附加科目如图 8-16 所示。

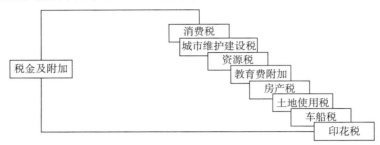

图 8-16　税金及附加科目

（2）税金及附加审计流程如图 8-17 所示。

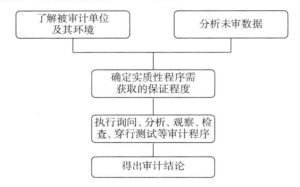

图 8-17　税金及附加审计流程

三、知识点

消费税、城市维护建设税、教育费附加、房产税、土地使用税等。

四、审计目标与认定的关系

（1）确定利润表中记录的税金及附加是否已发生，且与被审计单位有关（发生）。

（2）确定所有应当记录的税金及附加是否均已记录（完整性）。

（3）确定与税金及附加有关的金额及其他数据是否已恰当记录（准确性）。

（4）确定税金及附加是否已记录于正确的会计期间（截止）。

（5）确定税金及附加中的交易和事项是否已记录于恰当的账户（准确性、计价和分摊）。

（6）确定税金及附加已按照企业会计准则的规定，在财务报表中作出恰当列报（列报）。

即测即练

项目 9　审计采购与付款业务循环

知识目标

1. 了解采购与付款循环的主要业务活动。
2. 了解采购与付款循环控制测试的要点。
3. 熟悉采购与付款循环中涉及的主要凭证和会计记录。
4. 理解采购与付款循环实质性程序的设计。
5. 掌握应付账款函证程序及票据的种类。

技能目标

1. 会对应付账款进行函证。
2. 会调查采购与付款环节的内部控制。
3. 能够根据实际审计情况举一反三、灵活选择，具备运用不同的审计方法获取不同的审计证据的能力。

思政目标

培养学生在工作中始终保持工作流程的合规性和有效性，将审计取证思维用于生活学习中，培养学生善于思考、善于分析的能力，开阔学生的视野，提升学生的整体素质。

思维导图

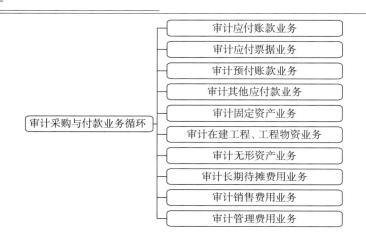

任务 9-1　审计应付账款业务

一、业务了解

（一）应付账款基本概念

1. 基本定义

应付账款是指企业因购买材料、商品和接受劳务供应等业务应支付给供应者的账款。应付账款是由于在购销活动中买卖双方取得物资与支付货款在时间上的不一致而产生的负债。

2. 科目设置

企业（金融）应支付但尚未支付的手续费和佣金，可将本科目改为"2202 应付手续费"科目，并按照对方单位（或个人）进行明细核算。企业（保险）应支付但尚未支付的赔付款项，可以单独设置"应付赔付款"科目。未设置预付账款的企业，可在应付账款科目核算预付款项。期末，资产负债表中，未设置预付账款的企业应付账款项根据应付账款和预付账款有关明细账贷方合计数填列。

3. 会计核算

企业购入材料、商品等验收入库，但货款尚未支付，根据有关凭证（发票账单、随货同行发票上记载的实际价款或暂估价值），借记"材料采购"等科目；按应付的款项，贷记本科目。接受供应单位提供劳务而发生的应付未付款项，根据供应单位的发票账单，借记"生产成本""管理费用"等科目，贷记本科目。支付时，借记本科目，贷记"银行存款"等科目。上述交易涉及增值税进项税额的，还应进行相应的处理。

企业的其他应付账款，如应付赔偿款、应付租金、存入保证金等，不属于应付账款的核算内容。

本科目应当按照不同的债权人进行明细核算。本科目期末贷方余额，反映企业尚未支付的应付账款余额。本科目期末余额也可以在借方，反映预付的款项。

4. 应付账款——暂估

在实际工作中，企业外购材料入库时，由于各种原因，总不能及时收到发票。在这种情况下，为了更好地核算企业的成本，保证企业财务信息的准确性和完整性，需要在每个月的月底，对已经入库但没有收到发票的材料成本进行暂估。因此，部分企业会在应付账款科目下设二级科目：应付账款——暂估科目，专门核算该类款项。

(二) 应付账款审计

注册会计师应结合赊购交易进行应付账款的审计。

应付账款是企业因购买商品、接受劳务而形成的债务，是评价企业短期偿债能力时必须考虑的一个重要因素，与应付票据共同构成了企业主要商业信用形式，为企业重要资金来源渠道之一。因应付账款的确认与存货/原材料的确认密切相关，通常在确认存货/原材料的同时，确认应付账款，故应付账款审计是采购与付款循环审计中必不可少的一部分。同时应付账款是资产负债表的重要科目，是报表审计不可缺少的审计环节。

二、流程图

应付账款审计流程如图9-1所示。

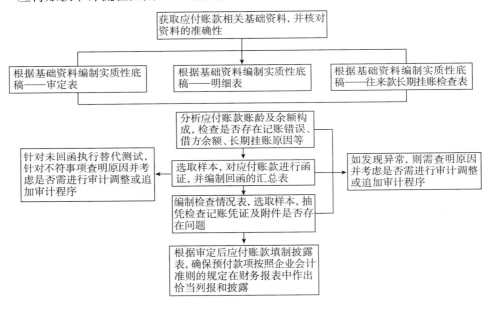

图9-1 应付账款审计流程

三、知识点

应付账款审定表，应付账款对账单，应付账款函证。

(一) 应付账款函证的目的

其主要是针对应付账款的完整性进行考虑，特殊情况下也会考虑大额且长期挂账的应付账款的存在性。

（二）应付账款函证的对象

获取适当的供应商相关清单，如本期采购量清单、所有现存供应商名单或应付账款明细账。询问该清单是否完整并考虑该清单是否应包括预计负债等附加项目。

（三）应付账款函证的控制

注册会计师应根据审计准则的规定对询证函保持控制，包括选择适当的被询证者、询证函的内容设计、被询证者应直接向注册会计师回函等方面，必要时可通过再次向被询证者寄发询证函来对函证结果准确性进行控制。

（四）对回函的检查

将询证函回函余额与已记录金额相比较，如存在差异，检查支持性文件。评价已记录金额是否适当。

（五）未做回复的函证实施替代程序

检查至付款文件（如现金支出、电汇凭证和支票复印件）、相关的采购文件（如采购订单、验收单、发票和合同）或其他适当文件。

如果认为回函不可靠，评判对评估的重大错报风险以及其他审计程序的性质、时间安排和范围的影响。

未回函替代程序的基本思路如图9-2所示。

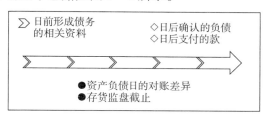

图9-2 未回函替代程序的基本思路

（六）日常资料的检查

对本期发生的应付账款增减变动，检查至相关支持性文件，确认会计处理是否正确。

（七）资产负债表日资料的检查

获取并检查被审计单位与其供应商之间的对账单以及被审计单位编制的差异调节表，确定应付账款金额的准确性。结合存货监盘程序，检查被审计单位在资产负债表日前后的存货入库资料（验收报告或入库单），检查相关负债是否计入正确的会计期间。

（八）日后资料的检查

检查资产负债表日后应付账款明细账贷方发生额的相应凭证，关注其购货发票的日期，确认其入账时间是否合理。

针对资产负债表日后付款项目，检查银行对账单及有关付款凭证（如银行划款通知、供应商收据等），询问被审计单位内部或外部的知情人员，查找有无未及时入账的应付账款。

如果注册会计师通过这些程序发现某些未入账的应付账款，应将有关情况详细记入工作底稿，然后根据其重要性确定是否需建议被审计单位进行相应的调整。

（九）寻找未入账负债的测试

获取期后收取、记录或支付的发票明细，包括获取支票登记簿/电汇报告/银行对账单（根据被审计单位情况不同）以及入账的发票和未入账的发票。从中选取项目（尽量接近审计报告日）进行测试并实施相关程序。

（十）准则规范

（1）检查支持性文件，如相关的发票、采购合同/申请、收货文件以及接受劳务明细，以确定收到商品/接受劳务的日期及应在期末之前入账的日期。

（2）追踪已选取项目至应付账款明细账、货到票未到的暂估入账和/或预提费用明细表，并关注费用所计入的会计期间。调查并跟进所有已识别的差异。

（3）评价费用是否被记录于正确的会计期间，并相应确定是否存在期末未入账负债。

（十一）应付账款的其他检查程序

（1）获取或编制应付账款明细表，并执行以下工作。

①复核加计是否正确，并与报表数、总账数和明细账合计数核对是否相符。

②检查非记账本位币应付账款的折算汇率及折算是否正确。

③分析出现借方余额的项目，查明原因，必要时，建议做重分类调整。

④结合预付账款、其他应付款等往来项目的明细余额，检查有无针对同一交易在应付账款和预付款项同时记账的情况、异常余额或与购货无关的其他款项（如关联方账户或雇员账户）。

（2）检查应付账款长期挂账的原因并作出记录，对确实无须支付的应付款的会计处理是否正确。

（3）如存在应付关联方的款项：了解交易的商业理由；检查证实交易的支持性

文件（如发票、合同、协议及入库和运输单据等相关文件）；检查被审计单位与关联方的对账记录或向关联方函证。

（4）检查应付账款是否已按照企业会计准则的规定在财务报表中作出恰当列报和披露。

（十二）一般费用的审计目标

（1）确定利润表中记录一般费用是否确认发生（发生）。

（2）确定所有应当记录的费用是否均已记录（完整性）。

（3）确定一般费用是否以恰当的金额列示在财务报表中（准确性、计价和分摊）。

（4）确定费用是否已计入恰当的会计期间（截止）。

（十三）实质性分析程序

（1）考虑可获取信息的来源、可比性、性质和相关性以及与信息编制相关的控制，评价在对记录的金额或比率作出预期时使用数据的可靠性。

（2）将费用细化到适当层次，根据关键因素和相互关系（如本期预算、费用类别与销售数量、职工人数的变化之间的关系等）设定预期值，评价预期值是否足够精确以识别重大错报。

（3）确定已记录金额与预期值之间的差异额是一个可接受、无须做进一步调查的差异额。

（4）将已记录金额与期望值进行比较，识别需要进一步调查的差异。

（5）调查差异，询问管理层，针对管理层的答复获取适当的审计证据。根据具体情况在必要时实施其他审计程序。

（十四）一般费用的检查程序准则规范

（1）获取一般费用明细表，复核其加计数是否正确，并与总账和明细账合计数核对是否正确。

（2）从资产负债表日后的银行对账单或付款凭证中选取项目进行测试，检查支持性文件（如合同、发票），关注发票日期和支付日期，追踪已选取项目至相关费用明细表，检查费用所计入的会计期间，评价费用是否被记录于正确的会计期间。（针对完整性）

（3）对本期发生的费用选取样本，检查其支持性文件，确定原始凭证是否齐全，记账凭证与原始凭证是否相符以及账务处理是否正确。（针对发生目标）

（4）抽取资产负债表日前后的凭证，实施截止测试，评价费用是否被记录于正

确的会计期间。（针对截止认定）

（5）检查一般费用是否已按照企业会计准则及其他相关规定在财务报表中作出恰当的列报和披露。

四、审计目标与认定的关系

（1）确定资产负债表中记录的应付账款是否存在（存在）。

（2）确定所有应当记录的应付账款是否均已记录（完整性）。

（3）确定资产负债表中记录的应付账款是否是被审计单位应当履行的现时义务（权利和义务）。

（4）确定应付账款是否以恰当的金额列示在财务报表中，与之相关的计价调整是否已恰当记录（准确性、计价和分摊）。

（5）确定应付账款是否已按照企业会计准则的规定在财务报表中作出恰当列报和披露（列报）。

任务 9-2　审计应付票据业务

一、业务了解

应付票据，是指企业在商品购销活动和对工程价款进行结算中，因采用商业汇票结算方式而发生的，由出票人出票，委托付款人在指定日期无条件支付确定的金额给收款人或者持票人的票据。

（一）票据种类介绍

1. 商业承兑汇票和银行承兑汇票

商业汇票，是指收款人或付款人（或承兑申请人）签发，由承兑人承兑，并于到期日向收款人或被背书人支付款项的票据。

商业汇票，按承兑人不同分为银行承兑汇票和商业承兑汇票。如承兑人是银行的票据，则为银行承兑汇票。如承兑人为购买单位的票据，则为商业承兑汇票。商业汇票按是否带息，分为带息票据和不带息票据。带息票据是指按票据上标明的利率，在票据票面金额上加上利息的票据，所以，到期承兑时，除支付票面金额外，还要支付利息。不带息票据是指票据到期时按面值支付，票据上无利息的规定的票据。目前我国常用的是不带息票据。

企业开出承兑的应付票据应设置"应付票据"账户进行核算。开出承兑时，按票面金额计入贷方；到期承付时，按票面金额计入借方；余额在贷方，表示尚未到期的应付票据数额。应付票据的明细核算按照其收款人的姓名和收款单位设明细，并应设置"应付票据备查簿"，详细登记每一笔应付票据的种类、号数、签发日期、到期日、票面金额、合同交易号、收款人姓名或单位名称，以及付款日期和金额等。到期付款时，应在备查账簿内逐笔注销。

2. 短期应付票据与长期应付票据

应付票据是企业出具的、承诺在将来某一时日支付一定款项给持票人的书面凭证。期限在一年或一个经营期内的应付票据，称为短期应付票据，属于流动负债。期限在一年一个经营期以上的应付票据，称为长期应付票据，属于长期负债。

3. 短期应付票据的分类

短期应付票据有带息票据和不带息票据之分。带息票据的面值就是票据的贴现值，在资产负债表，除以面值列示负债外，还须将应付未付利息部分作为另一种流动负债列示。不带息票据的面值是票据到期时应付的金额，这类票据可由企业签发用于向银行借款。理论上，应付票据均应折现，按现值计价。实际工作中，企业在经营活动中出具的短期应付票据，其签发日与到期日相距很短，其折现值和到期值很接近，根据重要性原则，可略而不计，而按面值入账。但在营业活动以外出具的应付票据，如因借款而出具的票据，则不论期限长短，均应按现值入账。

4. 短期应付票据的形式

短期应付票据主要有两种形式：应付商业票据和应付短期贷款票据。应付商业票据是购买企业在正常商业活动中向供应商承诺在将来特定时日支付一笔固定货款的票据。与应付账款相比，应付商业票据由于提出了付款的书面承诺，更有法律上的约束力，所以，当供应商对购买企业的资信程序不太了解或交易的金额较大时，为了降低风险往往会要求购买企业出具商业票据。但不论是哪种票据，通常都是按到期的金额计价。如果是带息票据，那么，在每一会计期末，购买企业还应计提应付票据上的利息费用和相应的应付利息。为了简化核算程序，通常只是在年末才计提当年至年末时的未到期票据上的累计应付利息和利息费用，而在每一月末则不做计提。

应付短期贷款票据是企业签发的、据以向银行举借短期贷款的票据。通常的做法是，在票据上的借款利息由银行从贷款额中预先扣除，在票据到期时只需根据票据本金偿付借款，而无须定期支付利息。在会计核算上，应付票据是按面值反映的，由银行扣除的贴现折扣则计入单独设置的"应付票据贴现"账户。在票据续存期内，应付票据贴现应作为利息费用分期摊入各期，通常采用的方法是直线摊销法。

(二) 应付票据审计

(1) 获取或编制应付票据明细表。复核加计是否正确，并与报表数、总账数和明细账合计数核对是否相符。与应付票据备查簿的有关内容核对相符，如商业汇票的种类、号数和出票日期、到期日、票面金额、交易合同号和收款人姓名或单位名称以及付款日期和金额等。检查非记账本位币应付票据的折算汇率及折算是否正确。标识重要项目。

(2) 检查应付票据备查簿。检查债务的合同、发票和收货单等资料，核实交易事项的真实性，复核其应存入银行的承兑保证金及与其他货币资金科目的勾稽关系。抽查资产负债表日后已偿付的应付票据，检查有无未入账的应付票据，核实其是否已付款并转销。针对已注销的应付票据，确定是否已在资产负债表日前偿付。询问管理人员，审查有关文件并结合购货截止测试，检查应付票据的完整性。获取客户的贷款卡，打印贷款卡中全部信息，检查其中有关应付票据的信息与明细账合计数、总账数、报表数是否相符。

(3) 选择应付票据的重要项目（包括零账户），函证其余额和交易条款，对未回函的再次发函或实施替代的检查程序（检查原始凭单，如合同、发票、验收单，核实票据的真实性）。询证函通常应包括出票日、到期日、票面金额、未付金额、已付息期间、利息率以及票据的抵押担保品等项内容。

(4) 查明逾期未兑付票据的原因，对于逾期的银行承兑汇票是否转入短期借款，对于逾期的商业承兑汇票是否已经转入应付账款，带息票据是否已经停止计息，是否存在抵押票据的情形。

(5) 复核带息应付票据利息是否足额计提，其会计处理是否正确。

(6) 检查与关联方的应付票据的真实性，执行关联方及其交易审计程序。通常，应了解关联交易事项的目的、价格和条件，检查采购合同，并通过向关联方或其他注册会计师查询和函证等方法，确认交易的真实性。

(7) 检查应付票据是否已按照企业会计准则的规定在财务报表中作出恰当列报。

如果被审计单位是上市公司，则其财务报表附注通常应披露持有其5%以上（含5%）股份的股东单位的应付票据信息，并按应付票据的种类分项列示其金额。

二、流程图

应付票据审计流程如图9-3所示。

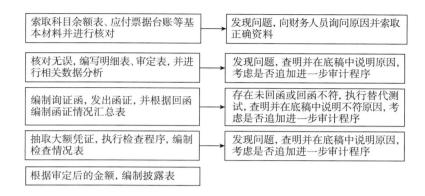

图 9-3　应付票据审计流程

三、知识点

应付票据总分类账核对程序，应付票据函证，应付票据审计工作底稿。

四、审计目标与认定的关系

（1）确定记录的应付票据是否在资产负债表日是存在的，反映被审计单位尚未到期的商业汇票的票面金额（存在）。

（2）确定所有在资产负债表日应当记录的应付票据是否均已记录（完整性）。

（3）确定记录的应付票据是否是被审计单位应当履行的偿还义务（权利和义务）。

（4）确定应付票据是否以恰当的金额包括在财务报表中，与之相关的计价或分摊调整是否已恰当记录（计价和分摊）。

（5）确定应付票据是否已按照企业会计准则的规定在财务报表中作出恰当列报和披露（列报和披露）。

任务 9-3　审计预付账款业务

一、业务了解

（一）预付账款基本概念

1. 基本定义

预付账款属于会计要素中的资产，在没有实际发生交易之前，该笔预付账款的权属仍然属于付款方，只是由收款方暂时收取，所以是资产。

预付账款是指企业按照购货合同的规定，预先以货币资金或货币等价物支付供应单位的款项。在日常核算中，预付账款按实际付出的金额入账，如预付的材料、商品采购货款、必须预先发放的在以后收回的农副产品预购定金等。对购买企业来说，预付账款是一项流动资产。预付账款一般包括预付的货款、预付的购货定金。施工企业的预付账款主要包括预付工程款、预付备料款等。

2. 科目设置

企业因购货而预付款项时确认，借记"预付账款"，贷记"银行存款"。如有确凿证据表明企业的预付账款不符合预付账款性质，或者因供货单位破产、撤销等原因已无望再收到所购货物的，应将原计入预付账款的金额转入其他应收款，按预计不能收到所购货物的预付账款账面余额，借记"其他应收款——预付账款转入"科目，贷记"预付账款"科目。

预付款项情况不多的企业，也可以将预付的款项直接计入"应付账款"科目的借方进行核算，不设置"预付账款"科目。

除转入"其他应收款"科目的预付账款外，其他预付账款不得计提坏账准备。

"预付账款"科目期末借方余额，反映企业实际预付的款项。期末如为贷方余额，反映企业尚未补付的款项。

（二）预付账款审计

向客户获取预付账款明细表，如客户未提供，也可由审计人员自行编制。自行编制时需根据科目余额表、总账等信息进行计算填列。复核加计是否正确，将预付账款明细表与报表数、总账数和明细账合计数核对是否相符。检查非记账本位币预付账款的折算汇率及折算是否正确。分析出现贷方余额的项目，查明原因，必要时，建议做重分类调整。执行实质性分析程序，比较期初期末余额变动以及预付账款余额较大的前几大供应商的变动情况，分析其变动情况是否合理。针对长期挂账的预付账款，考虑是否存在关联方占用资金或体外资金循环的风险。

账龄在1年以上的重要预付账款的处理：

（1）询问被审计单位长期挂账未处理的原因。

（2）针对挂账金额达到重要标准的供应商，需核查工商登记状态是否正常。

（3）取得相应单位的采购合同，审核合同约定的交付条款、付款条款是否满足。

对重要供应商的核查（获取工商信息查询截图、营业执照复印件），考虑是否存在向潜在关联方的采购交易。如有，考虑关联交易的合理性，考虑交易价格的制定是否符合市场定价标准，考虑是否存在以过高或过低价格转移利润的情况。从应付账款客户明细账中抽取期末余额较大或者变动幅度较大的供应商作为样本。获取供应商联系方式后与其联系，核实其联系方式真实性，并就询证函事宜提前沟通，提高回函率。审计师应亲自发送询证函，并要求供应商向审计师直接回函，避免被审计单位接触函证。假如回函结果与客户账载金额不符，应查明原因，并编制回函差异调整表。必要时，按实际情况作出会计调整。

对未回函的函证，考虑二次发函，如果存在未回函的重大项目，审计师应采用替代程序，通过对该供应商的预付账款的支持性文件，如合同、发票、付款凭证、银行对账单等资料，核实其应付账款的真实性。

二、流程图

预付账款审计流程如图9-4所示。

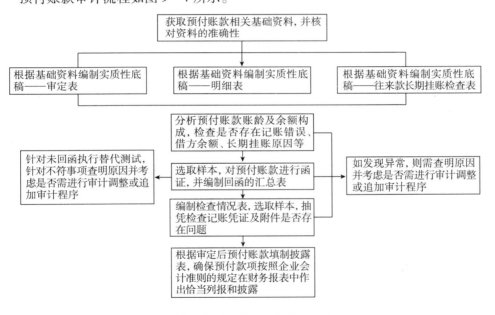

图9-4 预付账款审计流程

三、知识点

预付账款的审计程序，预付账款的询证函，预付账款的披露。

四、审计目标与认定的关系

（1）确定被审计单位记录的预付账款在资产负债表日是否确实存在（存在）。

（2）确定被审计单位所有应当记录的预付账款是否均已记录完毕，有无遗漏

（完整性）。

（3）确定记录的预付账款是否为被审计单位所拥有或控制（权利和义务）。

（4）确定预付账款是否以恰当的金额包括在财务报表中，与之相关的计价调整是否已恰当记录（准确性、计价和分摊）。

（5）确定预付账款是否已按照企业会计准则的规定，在财务报表中作出恰当列报（列报）。

任务9-4 审计其他应付款业务

一、业务了解

其他应付款是指企业在商品交易业务以外发生的应付和暂收款项，指企业除应付票据、应付账款、应付工资、应付利润等以外的应付、暂收其他单位或个人的款项。

通常情况下，该科目核算企业应付、暂收其他单位或个人的款项，如应付租入固定资产和包装物的租金、管辖区内业主和物业管户装修存入保证金、应付职工统筹退休金，以及应收暂付上级单位、所属单位的款项。而企业经常发生的应付供应单位的货款，则是在"应付账款"和"应付票据"科目中核算。

企业应设置"其他应付款"账户进行核算。该账户属于负债类账户，贷方登记发生的各种应付、暂收款项，借方登记偿还或转销的各种应付、暂收款项。期末，余额在贷方，表示企业应付、暂收的结存现金。本账户应按应付、暂收款项的类别设置明细账户。

企业发生各种应付、暂收或退回有关款项时，借记"银行存款""管理费用"等科目，贷记"其他应付款"科目。支付有关款项时，借记"其他应付款"科目，贷记"银行存款"等科目。企业采用售后回购方式融入资金的，应按实际收到的金额，借记"银行存款"科目，贷记本科目。回购价格与原销售价格之间的差额，应在售后回购期间按期计提利息费用，借记"财务费用"科目，贷记本科目。按照合同约定购回该项商品等时，应按实际支付的金额，借记本科目，贷记"银行存款"科目。

其他应付款审计直接影响着财务状况的客观反映，这些账户本身所具有的核算内容多而杂并具有过渡性的特点，极易被不法纳税人将该账户作为转移隐匿应税收入、偷逃税款、截留利润的工具，历来是审计中一个重点检查的账户。

会计制度认为"其他应付款"是核算企业应付、暂存其他单位或个人的款项。如应付租入固定资产和包装物的租金、存入保证金、应付职工统筹退休金等。企业发生的各种应付、暂收款项，借记"银行存款""管理费用"科目，贷记"其他应付款"科目。支付时，借记"其他应付款"科目，贷记"银行存款"等科目。所以，在进行税收检查的事前和事中，务必弄清其账户的核算内容及其对应关系，着重从其账户的对应账户上进行分析。假如发觉其对应账户是"原材料""产成品""在建工程"等，比如，在对某电机厂检查时，企业的会计分录为：借"原材料"20 000元，贷"其他应付款"20 000元。从表面上看，这笔分录是正确的，但从经济内容、对应关系上分析，就会发觉原材料的增加，只能引起应付购货款的增加而不是其他应付款的增加。经过分析核查有关资料，发觉是该厂承接来料加工业务后的剩余边角余料价值20 000元，挂在了"其他应付款"账户上，没有准时做收入处理，隐匿了收入。

一般来说，凡是有问题的应付款项大都没有合法的原始凭证，即使有合法的原始凭证，业务内容也往往经不起认真推敲。所以，检查原始凭证是一种行之有效的简捷方法。首先，要看原始凭证明细科目是否根据应付、暂收款项的类别设置。其次，要看这些原始凭证明细科目下是否按单位或个人设置了明细账。另外，还要重点审查这些单位、个人是否与本企业有正常的业务往来关系，有无胡编乱造、虚拟名称、弄虚作假的现象。通过检查原始凭证，分析推断应付款项中有无将收入挂"其他应付款"科目，转移销售收入、转移利润的现象。

如在对某钢厂检查时，企业会计分录为：借"银行存款"150 000元，贷"其他应付款——本厂"150 000元。从会计分录中不难发觉"其他应付款"明细科目出现较大数额，经过审核原始凭证发现，该厂收取的价外费用收入未做销售处理，长期挂在"其他应付款"账户，从而漏缴了税款。

假如发觉"其他应付款"贷方发生额频繁或长期未做处理，则应作为检查的重点。比如，在对某机械厂检查时发觉，企业"其他应付款"账上挂30 000元。经查，发觉是企业2020年至2022年将熔炼铝锭浇铸铝制品过程中所产生的废渣出售，收入30 000元，未记收入，挂在"其他应付款"上，并长期不做处理，直到2023年1月才销账。此款全部用于发放职工上年度奖金，截留了收入，漏缴了税款。应当进一步审查有关账户和凭证，查清事实真相。

二、流程图

其他应付款审计流程如图9-5所示。

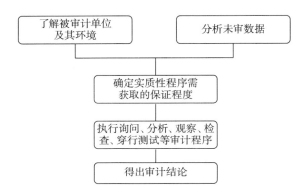

图 9-5　其他应付款审计流程

三、知识点

账龄划分，长期挂账，函证。

四、审计目标与认定的关系

（1）确定被审计单位资产负债表中记录的其他应付款在资产负债表日是否确实存在（存在）。

（2）确定被审计单位所有应当记录的其他应付款是否均已记录完毕，有无遗漏（完整性）。

（3）确定记录的其他应付款是否为被审计单位应当履行的现时义务（权利和义务）。

（4）确定记录的其他应付款是否以恰当的金额包括在财务报表中，与之相关的计价调整是否已恰当记录（准确性、计价和分摊）。

（5）确定其他应付款是否已按照企业会计准则的规定，在财务报表中作出恰当的列报（列报）。

任务9-5　审计固定资产业务

一、业务了解

《企业会计准则第3号——投资性房地产》和《企业会计准则第4号——固定资产》分别对投资性房地产与固定资产的核算予以规范，审计准则要求我们对资产的存在、完整性、权利和义务、计价和分摊、列报和披露予以认定，我们需按照会计准则和审计准则的要求完成审计工作。

二、基本知识介绍

（一）固定资产

固定资产是指企业为生产商品、提供劳务、出租或经营管理而持有的，使用寿命超过一个会计年度的有形资产，如房屋、建筑物、机器、机械、运输工具，以及其他与生产、经营有关的设备、器具、工具等。

（1）固定资产的取得方式：外购取得；自行建造取得；融资租赁取得；其他方式取得（如非货币性资产交换）。

（2）固定资产的价值是根据它本身的磨损程度逐渐转移到新产品中去的，它的磨损分为有形磨损和无形磨损两种情况。固定资产在使用过程中因损耗而逐渐转移到成本费用中去的那部分价值，叫作折旧，折旧的计算方法主要有平均年限法、工作量法、年数总和法等。固定资产在物质形式上进行替换，在价值形式上进行补偿，就是更新。此外，还有固定资产的维持和修理等。

（3）企业购置固定资产后需根据会计准则规定，结合本单位实际情况，制定固定资产目录，包括每类或每项固定资产的使用寿命、预计净残值、折旧方法等并编制成册，经股东大会或董事会、经理（厂长）会议或类似机构批准，按照法律、行政法规等的规定报送有关各方备案。固定资产目录一经确定，不得随意变更。如需变更，仍应履行上述程序，并按《企业会计准则第28号——会计政策、会计估计变更和差错更正》的规定处理。

（4）固定资产购置后的后续支出通常包括固定资产在使用过程中发生的日常修理费、大修理费用、更新改造支出、房屋的装修费用等。固定资产发生的更新改造支出、房屋装修费用等，符合会计准则规定的固定资产确认条件的，应当计入固定资产成本，同时将被替换部分的账面价值扣除。不符合会计准则规定的确认条件的，在发生时应计入当期管理费用。固定资产的大修理费用和日常修理费，通常不符合会计准则规定的确认条件，应当在发生时计入当期管理费用，不得采用预提或待摊方式处理。

（5）固定资产与其他循环之间的关系。固定资产在正常使用过程中，按照已制定固定资产目录中规定每类或每项固定资产的使用寿命、预计净残值、折旧方法计提折旧。已达到预定可使用状态的固定资产，无论是否交付使用，尚未办理竣工决算的，均需按照估计价值确认为固定资产，并计提折旧。待办理竣工决算手续后，再按实际成本调整原来的暂估价值，但不需要调整原已计提的折旧额。固定资产装修费用，应当在两次装修期间与固定资产剩余使用寿命两者中较短的期间计提折旧。

融资租赁方式租入的固定资产发生的装修费用，则需在两次装修期间、剩余租赁期与固定资产剩余使用寿命三者中较短的期间计提折旧。处于修理、更新改造过程而停止使用的固定资产，修理、更新改造支出符合固定资产确认条件的，应当将该固定资产转入在建工程，停止计提折旧；不符合固定资产确认条件的，不应转入在建工程，照提折旧。固定资产提足折旧后，不管能否继续使用，均不再计提折旧。提前报废的固定资产，也不再补提折旧。所谓提足折旧，是指已经提足该项固定资产的应计折旧额。

一般企业固定资产的报废清理费，应在实际发生时作为固定资产清理费用处理，不涉及弃置费用，在特定行业的特定固定资产还会涉及弃置费用，比如，石油天然气、企业油气水井及相关设施的弃置、核电站核废料的处置等。一般企业固定资产成本不应预计弃置费用。弃置费用的义务通常由国家法律和行政法规、国际公约等有关规定约束，比如，国家法律、行政法规要求企业的环境保护和生态环境恢复的义务等。

（6）与固定资产相关的核算科目。工程物资是指用于固定资产建造的建筑材料（如钢材、水泥、玻璃等），企业（民用航空运输）的高价周转件（如飞机的引擎）等，买回来要再次加工建设的资产。

在建工程指企业固定资产的新建、改建、扩建，或技术改造、设备更新和大修理工程等尚未完工的工程支出。

固定资产清理属于资产类科目，它是一个过渡科目，在全部的清理工作未完成之前，记录因为清理而发生的各项收入和损失，收入放贷方，损失放借方。最后用贷方合计减借方合计，正为盈利，负为损失。

（二）投资性房地产

投资性房地产是指为赚取租金或资本增值，或两者兼有而持有的房地产。投资性房地产应当能够单独计量和出售。其主要包括已出租的土地使用权、持有并准备增值后转让的土地使用权以及已出租的建筑物，但不包括为生产商品、提供劳务或者经营管理而持有的自用房地产和作为存货的房地产。

新准则所指的投资性房地产包括已出租的土地使用权、持有并准备增值后转让的土地使用权和已出租的建筑物。企业自用或作为存货的房地产不属于投资性房地产。制定这个准则的主要目的，也是增强这方面会计信息的相关性。是否持有和继续持有投资性房地产，是企业管理层的主要受托责任之一，是企业管理层所必须作出的决策。持有投资性房地产的经济利益主要来自租金收入和增值两个方面，但是在房地产市场的价格下滑时，持有和继续持有本身也可能已经给企业带来亏损。因此，按照公允价值计量可以及时反映企业管理层受托责任的履行情况，也就是可以更加及时地检验管理层作出持有和继续持有投资性房地产决策的适当性。

与国际财务报告准则相比，我国的投资性房地产会计准则增加了采用公允价值模式的前提条件，只有在有确凿证据表明投资性房地产的公允价值能够持续可靠取得的情况下，才可以对投资性房地产采用公允价值模式进行后续计量，也就是必须同时满足两个条件：一是投资性房地产所在地有活跃的房地产交易市场；二是企业能够从房地产交易市场上取得同类或类似房地产的市场价格及其他相关信息，从而对投资性房地产的公允价值作出合理的估计。同时满足上述两个条件的情况下，已经限制了采用其他的估值技术来确定公允价值。由于其他的估值技术通常含有较多的假设，与参照活跃的交易市场价格来确定公允价值相比，有较大的主观性，也就是容易产生争议。在上述前提条件的限制下，在一定程度上，提高了投资性房地产采用公允价值模式的可靠性。

（1）投资性房地产的确认条件。投资性房地产同时满足下列条件的，才能予以确认。

①该投资性房地产包含的经济利益很可能流入企业。

②该投资性房地产的成本能够可靠计量。

（2）投资性房地产的初始计量。企业取得的投资性房地产，应当按照取得时的成本进行初始计量，具体要求如下。

①外购投资性房地产的成本，包括购买价款和可直接归属于该资产的相关税费。

②自行建造投资性房地产的成本，由建造该项资产达到预定可使用状态前所发生的必要支出构成。

③以其他方式取得的投资性房地产的成本，按照相关会计准则的规定确认。

与投资性房地产有关的后续支出，如果符合规定的确认条件，应当计入投资性房地产成本；否则，应当在发生时计入当期损益。

（3）不属于投资性房地产的两项。

①自用房地产，即为生产商品、提供劳务或者经营管理而持有的房地产。

②作为存货的房地产。投资性房地产属于正常经常性活动，形成的租金收入或转让增值收益确认为企业的主营业务收入，但对于大部分企业而言，是与经营性活动相关的其他经营活动。

企业通常应当采用成本模式对投资性房地产进行后续计量，也可采用公允价值模式对投资性房地产进行后续计量。但同一企业只能采用一种模式对所有投资性房地产进行后续计量，不得同时采用两种计量模式。

（4）在成本模式下，应当按照《企业会计准则第 4 号——固定资产》和《企业会计准则第 6 号——无形资产》的规定，对投资性房地产进行计量，计提折旧或摊销。存在减值迹象的，应当按照《企业会计准则第 8 号——资产减值》的规定进行处理。

只有存在确凿证据表明投资性房地产的公允价值能够持续可靠取得的，才可以采用公允价值模式计量。

（5）采用公允价值模式计量的投资性房地产，应当同时满足下列条件。

①投资性房地产所在地有活跃的房地产交易市场。

所在地，通常是指投资性房地产所在的城市。对于大中型城市，应当为投资性房地产所在的城区。

②企业能够从活跃的房地产交易市场上取得同类或类似房地产的市场价格及其他相关信息，从而对投资性房地产的公允价值作出合理的估计。

同类或类似的房地产，对建筑物而言，是指所处地理位置和地理环境相同、性质相同、结构类型相同或相近、新旧程度相同或相近、可使用状况相同或相近的建筑物；对土地使用权而言，是指同一城区、同一位置区域、所处地理环境相同或相近、可使用状况相同或相近的土地。

企业有确凿证据表明房地产用途发生改变，应当将投资性房地产转换为其他资产或者将其他资产转换为投资性房地产。例如，投资性房地产开始自用；作为存货的房地产，改为出租；自用土地使用权停止自用，用于赚取租金或资本增值；自用建筑物停止自用，改为出租。投资性房地产开始自用，其转换日为房地产达到自用状态，企业开始将房地产用于生产商品、提供劳务或者经营管理的日期。作为存货的房地产改为出租，或者自用建筑物、自用土地使用权停止自用改为出租，其转换日为租赁期开始日。自用房地产或存货转换为采用公允价值模式计量的投资性房地产，该项投资性房地产应当按照转换日的公允价值计量，转换日的公允价值小于原账面价值的，其差额计入当期损益。

当投资性房地产被处置，或者永久退出使用且预计不能从其处置中取得经济利益时，应当终止确认该项投资性房地产。企业出售、转让、报废投资性房地产或者发生投资性房地产毁损，应当将处置收入扣除其账面价值和相关税费后的金额计入当期损益。

三、基本核算介绍

固定资产核算办法

第一章 总则

第一条 为了加强固定资产的财务核算，保证固定资产财务核算的规范性和统一性，根据国家有关法律、法规等规定，结合实际情况，制定本办法。

第二条 本办法适用于各产业集团及其下属企业（学院）。

第二章 固定资产的确认和分类

第三条 固定资产，是指同时具有下列特征的有形资产：

1. 为生产商品、提供劳务、出租或经营管理而持有的。
2. 使用寿命超过一个会计年度。

使用寿命，是指企业使用固定资产的预计期间，或者该固定资产所能生产产品或提供劳务的数量。

第四条 固定资产同时满足下列条件的，才能予以确认：

1. 与该固定资产有关的经济利益很可能流入企业。
2. 该固定资产的成本能够可靠地计量。

第五条 固定资产的各组成部分具有不同使用寿命或者以不同方式为企业带来经济利益，适用不同折旧率或折旧方法的，应当分别将各组成部分确认为单项固定资产。

第六条 与固定资产有关的后续支出，符合企业会计准则固定资产后续支出规定的确认条件的，应当计入固定资产成本；不符合企业会计准则固定资产后续支出规定的确认条件的，应当在发生时计入当期损益。

第七条 固定资产按照用途主要分为以下类别：

1. 房屋、建筑物。
2. 构筑物及辅助设施。
3. 机电设备。
4. 电子设备。
5. 实验设备。
6. 运输工具。
7. 其他物品。

第三章 固定资产的初始计量

第八条 固定资产应当按照成本进行初始计量。

第九条 外购固定资产的成本,按照实际支付的购买价款、相关税费及使固定资产达到预定可使用状态前所发生的可归属于该项资产的运输费、装卸费、安装费和专业人员服务费等作为入账价值。实际发生时,按支付的总金额,借记"固定资产"科目,贷记"银行存款"等科目。

第十条 自行建造固定资产的成本,由建造该项资产达到预定可使用状态前所发生的必要支出构成。建造支出发生时,借记"在建工程",贷记"应付账款""工程物资"等科目,竣工决算时,借记"固定资产",贷记"在建工程"科目。

第十一条 投资者投入的固定资产成本,按照投资合同或协议约定的价值确定,但合同或协议约定价值不公允的除外。实际投入时,按合同或协议约定的价值,借记"固定资产",按应享有的企业权益贷记"实收资本"科目,二者的差额贷记"资本公积"科目。

第十二条 在原有固定资产基础上进行改、扩建的,按原有固定资产账面价值减去改扩建过程中发生的变价收入加上由于改扩建发生的实际费用作为入账价值。固定资产改、扩建时,按固定资产余值,借记"在建工程""累计折旧",贷记"固定资产",按发生的实际支出,借记"在建工程",贷记"工程物资"等科目,完成结转时,借记"固定资产",贷记"在建工程"。

第十三条 盘盈的固定资产,按照同类或类似固定资产的市场价格减去按其新旧程度估计的价值损耗后的余额作为入账价值。按估计固定资产余值,借"固定资产",贷记"以前年度损益调整"科目。

第十四条 已投入使用尚未办理移交手续的固定资产,可先按暂估价值入账,待确定实际价值后,再行调整。

第十五条 非货币性资产交换、债务重组、企业合并和融资租赁取得的固定资产的成本,分别按照现行会计准则等规定确认入账价值。

第四章 固定资产折旧与计提减值

第十六条 下列固定资产应计提折旧:

1. 房屋、建筑物和构筑物。

2. 在用的机器设备、仪器、仪表、运输车辆、工具器具、电子设备。

3. 以经营租赁方式租出的固定资产。

4. 以融资租赁方式租入的固定资产。

5. 已达到预定可使用状态但尚未办理竣工决算的固定资产,应当按照估计价值确认其成本,并计提折旧;待办理竣工决算后,再按实际成本调整原来的暂估价值,但不需要调整原已计提的折旧额。

第十七条　下列固定资产不计提折旧：

1. 以经营租赁方式租入的固定资产。
2. 已提足折旧尚在使用的固定资产。
3. 提前报废清理的固定资产。
4. 在建工程项目交付使用以前的固定资产。
5. 单独计价入账的土地。

第十八条　固定资产应在固定资产使用寿命内，按照确定的方法对应计折旧额进行系统分摊。

1. 应计折旧额是指应当计提折旧的固定资产的原价扣除其预计净残值后的金额。已计提减值准备的固定资产，还应当扣除已计提的固定资产减值准备累计金额。
2. 固定资产预计净残值按照固定资产原值的5%确定，即预计净残值率为5%。
3. 固定资产暂不计提资产减值准备。

第十九条　固定资产应当按月计提固定资产折旧，当月增加的固定资产，当月不计提折旧，从下月起计提折旧；当月减少的固定资产，当月仍计提折旧，从下月起停止计提折旧。

第二十条　各企业统一使用年限平均法计提固定资产折旧。

年限平均法又称直线法，是指将固定资产的应计折旧额均衡地分摊到固定资产预定使用寿命内的一种方法。采用这种方法计算的每期折旧额相等。计算公式如下：

$$年折旧率 = （1-预计净残值率）/预计使用寿命（年）\times 100\%$$

$$月折旧率 = 年折旧率/12$$

$$月折旧额 = 固定资产原价 \times 月折旧率$$

第二十一条　固定资产分类折旧年限（最低年限）。

资产分类	折旧年限/年	残值率	备注
一、房屋、建筑物	20	5%	
二、构筑物及辅助设施	20	5%	
三、飞机、火车、轮船、机器、机械和其他生产设备	10	5%	
四、与生产经营活动有关的器具、工具、家具等	5	5%	
五、飞机、火车、轮船以外的运输工具	4	5%	
六、电子设备	3	5%	
七、其他物品	5	5%	

第二十二条　计提折旧账务处理。

每月末按月折旧额，依固定资产性质和用途，分别借记"管理费用""销售费用"等科目，贷记"累计折旧"科目。

第二十三条　折旧方法和折旧年限一经确定，不得随意变更。特殊情况如需变更，由固定资产权属单位提出申请，报集团财务中心审批并抄送控股企业备案。

因更新改造等原因而调整固定资产价值的，应当根据调整后的价值和预计使用年限重新计算应提折旧。

对于接受捐赠旧的固定资产，应当按照确定的固定资产入账价值，在预计尚可使用年限内计提折旧。

融资租入的固定资产，应当采用与自有固定资产相一致的折旧政策。

第五章　固定资产的处置

第二十四条　固定资产处置是指企业出售、转让、报废固定资产或发生固定资产毁损，应当将处置收入扣除账面价值和相关税费后的金额计入当期损益。固定资产的账面价值是固定资产成本扣减累计折旧和累计减值准备后的金额。

第二十五条　固定资产处置一般通过"固定资产清理"科目进行账务处理。

1. 固定资产转入清理时，按固定资产账面价值，借记"固定资产清理"科目，按已计提的累计折旧，借记"累计折旧"，按固定资产账面原值，贷记"固定资产"科目。

2. 固定资产清理过程中，发生的清理费用或收入等，增加或减少"固定资产清理"科目金额。

3. 固定资产清理完成后，按企业制度经批准后，属于处理损失的，借记"营业外支出"，贷记"固定资产清理"科目。属于处理净收益的，借记"固定资产清理"，贷记"营业外收入"科目。

第六章　固定资产的盘盈、盘亏

第二十六条　固定资产盘盈或盘亏的账务处理。

1. 固定资产盘盈

在盘盈固定资产时，首先应评估确定盘盈固定资产的原值、累计折旧和固定资产净值。根据确定的固定资产原值借记"固定资产"，贷记"累计折旧"，将两者的差额贷记"以前年度损益调整"。同时计算调整应纳的所得税费用及损益科目，借记"以前年度损益调整"科目，贷记"应交税费——应交所得税""利润分配"等科目。

2. 固定资产盘亏

盘亏造成的损失，应当计入当期损益。企业在财产清查中盘亏的固定资产，按盘亏固定资产的账面价值借记"待处理财产损溢",按已计提的累计折旧,借记"累计折旧",按固定资产原值贷记"固定资产"科目。

按管理权限经报批后处理时,按可收回的保险赔偿或过失人赔偿,借记"其他应收款"科目,按应计入营业外支出的金额,借记"营业外支出",贷记"待处理财产损溢"科目。

第七章 固定资产调拨

第二十七条 固定资产调拨时,分以下情况处理:

1. 如果用友固定资产模块能够使调入方按新购资产生成凭证,则双方以合规发票按新购和处置固定资产进行账务处理,即购买方直接按购买价格借记"固定资产",贷记"应付账款"或"银行存款",若系内部往来贷记"其他应付款"科目。

2. 如果用友固定资产模块只能按系统内调拨资产生成凭证,则调拨双方分别依据经审批后的调拨单据进行固定资产账务处理,即调入方生成体现固定资产原值和累计折旧额的凭证,借记"固定资产",贷记"应付账款"或"银行存款""累计折旧"。

3. 调出方均按处置固定资产进行账务处理,即先将净值转入固定资产清理,再按处置结果做固定资产减少和应收账款或银行存款的收回,并按税法要求计提相应税金。

4. 调拨的固定资产,调出单位应及时计提当月折旧,调入单位按照调出单位计提当月折旧后的净值作为入账价值,调入的固定资产计提折旧执行本办法第十九条、第二十条。

第八章 附则

第二十八条 各产业集团可根据本办法,结合本集团的实际情况,制定固定资产核算实施细则,报控股企业备案后执行。

第二十九条 本办法由控股企业资金及财务部负责解释,自下发之日起执行。

附件1. 固定资产的账务处理

(1) 企业购入不需要安装的固定资产的账务处理。

借:固定资产
　　贷:银行存款

(2) 企业购入需要安装的固定资产的账务处理。

a. 购入时。

借:在建工程
　　贷:应付账款

b. 支付固定资产安装期间的所有安装费、领用材料等的账务处理。

借：在建工程
　　贷：原材料
　　　　银行存款

c. 企业购入需要安装的固定资产，安装完结，并交付使用的账务处理。

借：固定资产
　　贷：在建工程

（3）某企业向企业投入机器设备（公允价值低于账面价值）的账务处理。

借：固定资产
　　贷：实收资本
　　　　累计折旧

（4）某企业向企业投资的机器设备（公允价值高于账面价值）的账务处理。

借：固定资产
　　贷：实收资本

（5）某企业捐赠机器设备给企业的账务处理。

借：固定资产——确定的入账价值
　　贷：递延税款——未来应交的所得税
　　　　资本公积——确定的入账价值减去未来应交所得税后的余额
　　　　银行存款——支付的相关税费

（6）企业固定资产折旧的账务处理（折旧率按照企业规定）。

借：管理费用——固定资产折旧
　　生产成本
　　制造费用——固定资产折旧
　　贷：累计折旧

（7）企业的某机器设备出租给某企业的账务处理。

借：固定资产——租出固定资产
　　贷：固定资产——未使用固定资产

（8）企业出租的固定资产收取租金时的账务处理。

借：银行存款/其他应收款
　　贷：其他业务收入——固定资产出租

（9）企业出租的固定资产计提折旧时的账务处理。

借：其他业务支出——固定资产出租

贷：累计折旧

（10）企业租入某企业的固定资产支付租金时的账务处理。

借：制造费用——租入固定资产租金
　　贷：银行存款

（11）企业租入某企业的固定资产的预提大修理费用的账务处理。

借：制造费用——预提修理费
　　贷：预提费用

（12）企业向某企业融资租入固定资产时的账务处理。

借：固定资产——融资租入固定资产
　　未确认融资费用
　　贷：长期应付款——应付融资租赁款

（13）分摊融资费用时的账务处理。

借：财务费用——融资租入固定资产费用
　　贷：未确认融资费用

（14）企业融资租入的固定资产租赁期满产权转移时的账务处理。

借：固定资产——经营用固定资产
　　贷：固定资产——融资租入固定资产

（15）企业注销机器设备一台账务处理。

a. 注销时的账务处理。

借：固定资产清理
　　累计折旧
　　贷：固定资产——经营用固定资产

b. 支付清理费时的账务处理。

借：固定资产清理
　　贷：库存现金/银行存款/应付工资

c. 收到残值时的账务处理。

借：银行存款/库存现金
　　贷：固定资产清理

d. 如果收到的残值大于清理费时的账务处理。

①如果资产处置后无使用价值

借：固定资产清理
　　贷：营业外收入——处理固定资产损溢

②如果资产处置后有使用价值

借：固定资产清理

　　贷：资产处置收益——处理固定资产损溢

e. 如果收到的残值小于清理费时的账务处理。

①如果资产处置后无使用价值

借：营业外支出——处理固定资产损溢

　　贷：固定资产清理

②如果资产处置后有使用价值

借：固定资产清理

　　贷：资产处置损失——处理固定资产损溢

（16）企业对固定资产盘点时发现盘盈一台机器设备的账务处理。

借：固定资产——经营用固定资产

　　贷：累计折旧

　　　　待处理财产损溢——待处理固定资产损溢

（17）经企业领导批准后，作为营业外收入的账务处理。

借：待处理财产损溢——待处理固定资产损溢

　　贷：营业外收入——固定资产盘盈

（18）企业对固定资产盘点时发现盘亏一台机器设备的账务处理。

借：待处理财产损溢——待处理固定资产损溢

　　累计折旧

　　贷：固定资产——不需用固定资产

（19）经企业领导批准后，作为营业外支出的账务处理。

借：营业外支出——固定资产盘亏

　　贷：待处理财产损溢——待处理固定资产损溢

（20）企业自建自用工程时账务处理。

a. 购入工程物资的账务处理。

借：工程物资——专用材料

　　　　　　——专用设备

　　贷：银行存款/应付账款

b. 此工程领用物资时的账务处理。

借：在建工程

　　贷：工程物资——专用材料

c. 此工程领用企业产品使用时的账务处理。

借：在建工程
　　贷：主营业务收入

d. 为此工程支付工资及福利费、缴纳有关的税金时的账务处理。

借：在建工程
　　贷：应付工资
　　　　应付福利费
　　　　应交税费

e. 实际支付以上费用时的账务处理。

借：应付工资
　　应付福利费
　　应交税费
　　贷：现金／银行存款

f. 此工程建完并交付企业使用时的账务处理。

借：固定资产——经营用固定资产
　　贷：在建工程

（21）已提足固定资产折旧，还在使用的固定资产的账务处理。该项固定资产若还在继续使用，不用做账务处理。若报废，转入"固定资产清理"科目进行账务处理。

借：固定资产清理
　　累计折旧
　　贷：固定资产

同时，将"固定资产清理"科目余额（在借方的）转入"营业外支出"。

借：营业外支出
　　贷：固定资产清理

固定资产清理科目余额在贷方的，转入营业外收入。

借：固定资产清理
　　贷：营业外收入

附件2. 投资性房地产的账务处理

投资性房地产核算是对投资性房地产的取得、后续计量、处置等业务的核算。投资性房地产的取得，按其来源不同可分为购入、自建、其他单位投入、融资租入、接受捐赠和盘盈等。投资性房地产的后续计量有成本模式和公允价值模式，成本模式的计量方式基本和固定资产类似，对使用过程中逐渐损耗的那部分价值，在其有效使用期间进行分摊，形成折旧费用，计入当期成本。公允价值模式则需按照投资性房地产市场公允价值变动计量，不计提折旧。

企业通过"投资性房地产""投资性房地产累计折旧（摊销）""投资性房地产减值准备""固定资产""开发产品""资本公积""公允价值变动损益""其他业务收入""其他业务成本"等科目来进行投资性房地产的核算。

1）投资性房地产科目

"投资性房地产"科目核算企业采用成本模式计量投资性房地产的成本或采用公允价值模式计量投资性房地产的公允价值。

采用公允价值模式计量的投资性房地产，还应当分别设置"成本"和"公允价值变动"明细科目进行核算。

企业外购、自行建造等取得的投资性房地产，按应计入投资性房地产成本的金额，借记本科目，贷记"银行存款""在建工程"等科目。采用公允价值模式计量，需借记本科目下设的"成本"明细科目。

本科目期末借方余额，反映企业采用成本模式计量的投资性房地产成本。企业采用公允价值模式计量的投资性房地产，反映投资性房地产的公允价值。

2）投资性房地产累计折旧（摊销）科目

采用成本模式计量的投资性房地产的累计折旧或累计摊销，可以单独设置"投资性房地产累计折旧"或"投资性房地产累计摊销"科目，比照"累计折旧""累计摊销"等科目进行账务处理。

3）投资性房地产减值准备

采用成本模式计量的投资性房地产发生减值的，可以单独设置"投资性房地产减值准备"科目，比照"固定资产减值准备"科目进行账务处理。

4）其他科目

除"投资性房地产""投资性房地产累计折旧（摊销）""投资性房地产减值准备"外，企业还会设置"固定资产""开发产品""资本公积""公允价值变动损益""其他业务收入""其他业务成本"等相关科目进行投资性房地产的账务处理。

（1）企业设置"固定资产"科目，在投资性房地产转自用时使用，将其在转换日的账面余额、累计折旧、减值准备等，分别转入"固定资产""累计折旧""固定资产减值准备"等科目。

（2）企业设置"开发产品"科目，将作为存货的房地产转换为投资性房地产的，应按其在转换日的账面余额，借记"投资性房地产"，贷记"开发产品"等科目，已计提跌价准备的，还应同时结转跌价准备。

（3）企业设置"其他业务收入""其他业务成本"科目，在处置投资性房地产时，应按实际收到的金额，借记"银行存款"等科目，贷记"其他业务收入"科目。按该项投资性房地产的累计折旧或累计摊销，借记"投资性房地产累计折旧（摊销）"科目，按该项投资性房地产的账面余额，贷记本科目，按其差额，借记"其他业务成本"科目。已计提减值准备的，还应同时结转减值准备。

（4）企业设置"资本公积""公允价值变动损益"科目，将自用的建筑物等转换为投资性房地产的，按其在转换日的公允价值，借记"投资性房地产——成本"，按已计提的累计折旧等，借记"累计折旧"等科目，按其账面余额，贷记"固定资产"等科目，按其差额，贷记"资本公积——其他资本公积"科目或借记"公允价值变动损益"科目。已计提减值准备的，还应同时结转减值准备。资产负债表日，投资性房地产的公允价值高于其账面余额的差额，借记"投资性房地产——公允价值变动"科目，贷记"公允价值变动损益"科目。公允价值低于其账面余额的差额做相反的会计分录。

5）账务处理

（1）采用成本模式计量投资性房地产的主要账务处理。

a. 企业外购、自行建造等取得。

借：投资性房地产

　　贷：银行存款、在建工程等

b. 将作为存货的房地产转换为投资性房地产。

借：投资性房地产——存货账面价值

　　存货跌价准备

　　贷：开发产品

c. 将自用的建筑物等转换为投资性房地产。

借：投资性房地产——原价

　　累计折旧

　　固定资产减值准备

　　贷：固定资产

　　　　投资性房地产累计折旧

　　　　投资性房地产减值准备

d. 按期（月）对投资性房地产计提折旧或进行摊销。

借：其他业务成本
　　贷：投资性房地产累计折旧
　　　　投资性房地产累计摊销

e. 取得的租金收入。

借：银行存款
　　贷：其他业务收入

f. 将投资性房地产转为自用。

借：固定资产——账面价值
　　投资性房地产累计折旧
　　投资性房地产减值准备
　　贷：投资性房地产
　　　　累计折旧
　　　　固定资产减值准备

g. 处置投资性房地产。

借：银行存款
　　贷：其他业务收入

借：其他业务成本——差额
　　投资性房地产累计折旧（摊销）
　　投资性房地产减值准备
　　贷：投资性房地产

(2) 采用公允价值模式计量投资性房地产的主要处理。

a. 企业外购、自行建造等取得。

借：投资性房地产——成本
　　贷：银行存款、在建工程等

b. 将作为存货的房地产转换为投资性房地产。

借：投资性房地产——存货公允价值
　　存货跌价准备
　　　（或）公允价值变动损益——差额
　　贷：开发产品
　　　　（或）资本公积——其他资本公积——差额

c. 将自用的建筑物等转换为投资性房地产。

借：投资性房地产——公允价值

累计折旧
　　固定资产减值准备
　　（或）公允价值变动损益——差额
　　贷：固定资产
　　　　（或）资本公积——其他资本公积——差额

d. 资产负债表日，投资性房地产的公允价值高于其账面余额的差额。
借：投资性房地产——公允价值变动
　　贷：公允价值变动损益
注：公允价值低于其账面余额的差额做相反的会计分录。

e. 取得的租金收入。
借：银行存款
　　贷：其他业务收入

f. 将投资性房地产转为自用。
借：固定资产——公允价值
　　（或）公允价值变动损益——差额
　　贷：投资性房地产——成本
　　　　投资性房地产——公允价值变动
　　　　　（或）公允价值变动损益——差额

g. 处置投资性房地产。
借：银行存款
　　贷：其他业务收入
借：其他业务成本——按期末余额
　　贷：投资性房地产——成本
　　　　投资性房地产——公允价值变动（或借方）
借：公允价值变动损益
　　贷：其他业务收入（或相反分录）
借：资本公积——其他资本公积
　　贷：其他业务收入

四、流程图

（1）固定资产日常管理如图9-6所示。

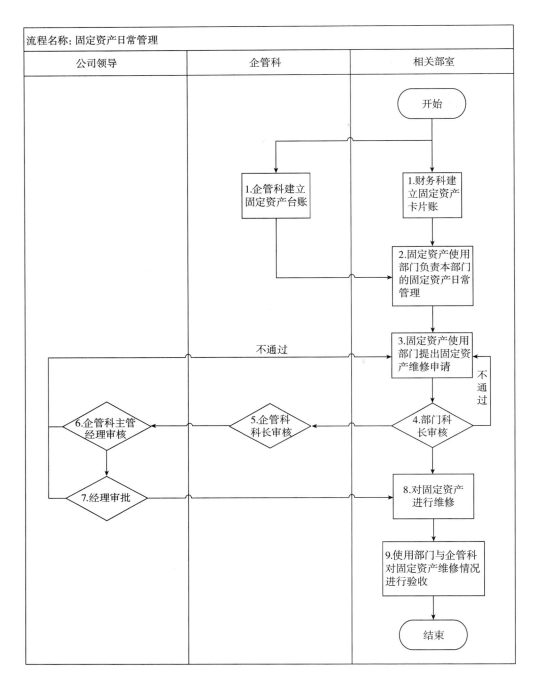

图 9-6　固定资产日常管理

（2）固定资产盘点如图 9-7 所示。

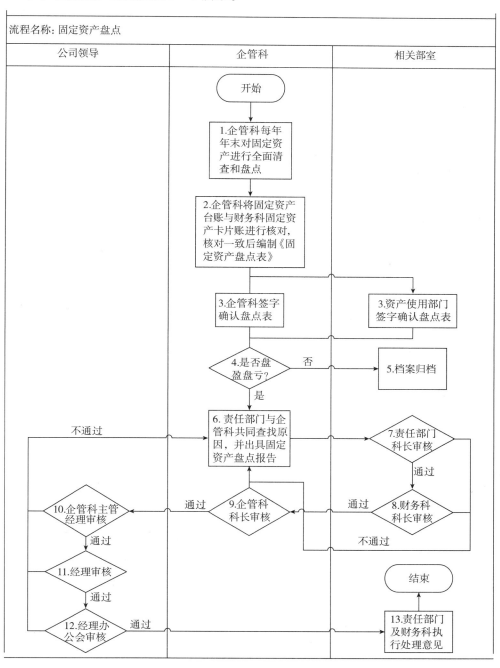

图 9-7　固定资产盘点

（3）固定资产处置如图 9-8 所示。

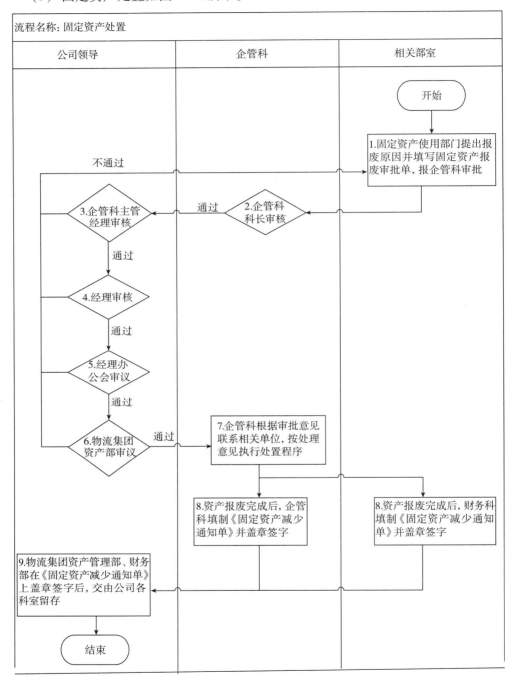

图 9-8　固定资产处置

(4) 固定资产审计流程如图9-9所示。

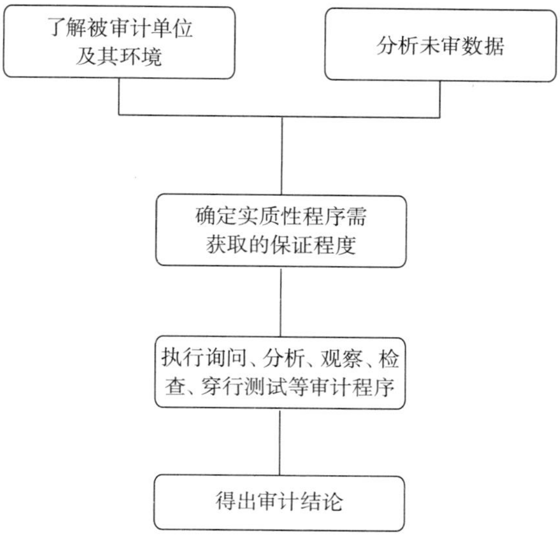

```
┌──────────────┐        ┌──────────────┐
│ 了解被审计单位 │        │  分析未审数据  │
│   及其环境    │        │              │
└──────┬───────┘        └──────┬───────┘
       │                       │
       └───────────┬───────────┘
                   ▼
       ┌───────────────────────┐
       │  确定实质性程序需      │
       │  获取的保证程度        │
       └───────────┬───────────┘
                   ▼
       ┌───────────────────────┐
       │ 执行询问、分析、观察、检 │
       │ 查、穿行测试等审计程序  │
       └───────────┬───────────┘
                   ▼
       ┌───────────────────────┐
       │     得出审计结论       │
       └───────────────────────┘
```

图9-9 固定资产审计流程

五、知识点

固定资产的实质性程序，投资性房地产的实质性程序，固定资产审计风险评估等。

六、审计目标与认定的关系

(1) 确定资产负债表中记录的资产是否存在（存在）。

(2) 确定所有应记录的资产是否均已记录（完整性）。

(3) 确定记录的资产是否由被审计单位拥有或控制（权利和义务）。

(4) 确定资产是否以恰当的金额包括在财务报表中，与之相关的计价或分摊是否已恰当记录（准确性、计价和分摊）。

(5) 确定资产是否已按照企业会计准则的规定在财务报告中作出了恰当的列报和披露（列报）。

七、实质性程序

(一)《企业会计准则第4号——固定资产》

第一章 总则。

第二章 确认。使用目的，使用寿命，与固定资产有关的后续支出。

第三章 初始计量。外购固定资产成本、自行建造固定资产成本。

第四章　后续计量。折旧方法、使用寿命、减值准备。

第五章　处置。持有待售、出售、转让、报废、盘亏。

第六章　披露（需要披露的具体内容）。

(二) 固定资产的确认条件和确认时点

1. 确认条件

与固定资产有关的经济利益很可能流入企业。

该固定资产的成本能够可靠地计量。

2. 确认时点

设备购置时间应以设备发票开具时间为准。

采取分期付款或赊销方式取得设备的，以设备到货时间为准。

企业自行建造的固定资产，其购置时间点原则上应以建造工程竣工决算的时间点为准。

(三) 固定资产的初始计量

1. 外购固定资产的成本

其包括购买价款、相关税费、使固定资产达到预定可使用状态前所发生的可归属于该项资产的运输费、装卸费、安装费和专业人员服务费等。

2. 自行建造固定资产的成本

该成本由建造该项资产达到预定可使用状态前所发生的必要支出构成，包括工程物资成本、人工成本、缴纳的相关税费、应予资本化的借款费用以及应分摊的间接费用等。

借款费用予以资本化应满足以下条件：资产支出已经发生，借款费用已经发生，为使资产达到预定可使用状态所必要的购建或生产活动已经发生。

八、审计人员在实务审计中的准备工作

（1）涉及主要凭证和账簿：企业的固定资产台账（卡片）、明细账、总分类账（或科目余额表）及相关凭证。

（2）需要收集的证据清单：

固定资产的盘点表。

房屋产权证、机动车登记证和车辆行驶证等权属证据。

在建工程完工转固的竣工决算、验收和移交报告。

租出、融资租入的合同。

固定资产计提减值或处置的决议等文件资料。

固定资产的审计程序及审计的工作底稿。

（3）向客户获取固定资产明细表，如客户未提供，也可由审计人员自行编制。自行编制时需根据固定资产、累计折旧卡片账及固定资产减值准备明细账、总账等信息进行计算填列。

（4）复核加计是否正确，将固定资产明细表与总账数和明细账合计数核对是否相符，结合累计折旧和固定资产减值准备与报表数核对是否相符。

（5）特别关注期初数与审定数据之间是否存在差异，是否存在利用固定资产类别调整改变计提折旧的金额。

执行本程序中，最常见的问题是企业固定资产类别划分不规范，导致固定资产类别在填列时期初数和期末数存在不一致的情况，特别是有些生产线固定资产设备及相关备件在划分上的问题，导致计提折旧错误。因此，实务中首次审计在填列固定资产明细表时，除了核对固定资产划分类别以外，还需要关注期初数据的划分类别与本期是否一致。

同时，被审计单位应当关注：①固定资产划分类别应当具有统一的标准且一贯性执行。②做好固定资产卡片及备查账簿的登记管理。③建立有效内控制度，杜绝利用固定资产划分类别调整折旧的事项。

任务9-6（上） 审计在建工程业务

一、业务了解

"在建工程"科目属于资产类，用来核算企业基建、更新改造、安装等在建工程发生的支出。该账户借方登记在建工程发生的实际支出，贷方登记完工工程成本，期末余额在借方，反映企业尚未达到预定可使用状态的在建工程的成本，该账户可按"建筑工程""安装工程""在安装设备""待摊支出"以及单项工程等明细核算。

二、流程图

（1）工程项目合同签订流程如图9-10所示。

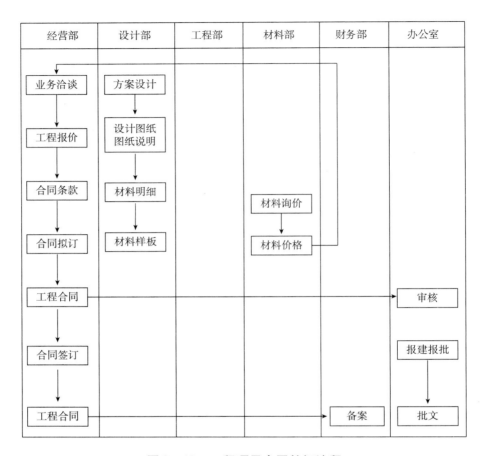

图 9-10 工程项目合同签订流程

(2) 工程款支付申请流程如图 9-11 所示。

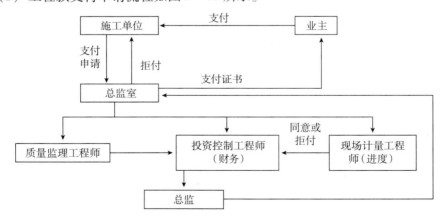

图 9-11 工程款支付申请流程

(3) 在建工程审计流程如图 9-12 所示。

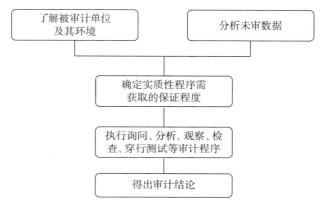

图 9-12 在建工程审计流程

三、知识点

（一）在建工程总分账核算程序

1. 企业购入

企业作为一般纳税人购入需要安装的动产时，应在购入的固定资产取得成本的基础上加上安装调试费用成本等，作为入账成本。按购入固定资产的取得成本，借记"在建工程"科目；按购入固定资产时可抵扣的增值税进项税额，借记"应交税费——应交增值税（进项税额）"科目，贷记"银行存款""应付账款"等科目。按照发生的安装调试成本，借记"在建工程"科目；按取得的外部单位提供的增值税专用发票上注明的增值税进项税额借记"应交税费——应交增值税（进项税额）"科目，贷记"银行存款"等科目。耗用了本单位的材料或人工的，按应承担的成本金额，借记"在建工程"科目，贷记"原材料""应付职工薪酬"等科目。安装完毕达到预定可使用状态时，再由"在建工程"科目转入"固定资产"科目，借记"固定资产"科目，贷记"在建工程"科目。

2. 企业自行建造固定资产

企业自行建造固定资产，应当按照建造该资产达到预定可使用状态前所发生的必要支出作为固定资产的成本。

企业自行建造固定资产包括以自营方式建造固定资产和以出包方式建造固定资产两种情况。采用自营方式建造的固定资产，其价值是使该项固定资产达到预定可使用状态前所发生的必要支出，包括工程物资成本、人工成本、缴纳的相关税费、应予资本化的借款费用以及应分摊的间接费用等。采用出包方式建造的固定资产，其价值为承包单位结算的工程价款。

（1）自营方式建造固定资产。自营工程是指企业自行组织工程物资采购、自行组织施工人员施工的建筑工程和安装工程。企业通过自营方式建造固定资产，主要通过"工程物资"和"在建工程"科目进行核算。

购入工程物资时按已认证的增值税专用发票上注明的价款，借记"工程物资"科目；按增值税专用发票上注明的增值税进项税额，借记"应交税费——应交增值税（进项税额）"科目；按实际支付或应付的金额，贷记"银行存款""应付账款"等科目。

领用工程物资时，借记"在建工程"科目，贷记"工程物资"科目；在建工程领用本企业原材料时，借记"在建工程"科目，贷记"原材料"等科目；在建工程领用本企业生产的商品时，借记"在建工程"科目，贷记"库存商品"科目；自营工程发生的其他费用（如分配工程人员薪酬等），借记"在建工程"科目，贷记"银行存款""应付职工薪酬"等科目；自营工程达到预定可使用状态时，按其成本借记"固定资产"科目，贷记"在建工程"科目。

（2）出包方式建造固定资产。出包工程是指企业通过招标方式将工程项目发包给建造承包商，由建造承包商组织施工的建筑工程和安装工程。

企业通过出包方式建造的固定资产，其工程具体支出一般由建造承包商核算，企业主要是将与承包单位结算的工程价款作为工程成本，通过"在建工程"科目进行核算。企业按照合理估计的发包工程进度和合同规定向建造承包商结算工程进度款，并由对方开具增值税专用发票，按增值税专用发票上注明的价款借记"在建工程"科目，按增值税专用发票上注明的增值税进项税额，借记"应交税费——应交增值税（进项税额）"科目，按实际支付或应付的金额贷记"银行存款""应付账款"等科目；工程达到预定可使用状态时按其成本借记"固定资产"科目，贷记"在建工程"科目。

（二）在建工程减值测试程序

在建工程计提减值准备的条件，根据《企业会计准则第 8 号——资产减值》的规定，企业的固定资产建设工程，随着市场或其他因素的变化，会发生停建、缓建，导致建设工程减值等情况。为了较真实地反映在建工程价值，企业应该定期或在年终对在建工程进行全面检查，如存在下列一项或者若干项情况，应当计提在建工程减值准备。

（1）长期停建并且预计在未来 3 年内不会重新开工的在建工程。

(2) 所建项目无论是在性能上还是在技术上已经落后,且给企业带来的经济利益具有很大的不确定性。

(3) 其他足以证明在建工程已经发生减值的情形。

根据《企业会计准则第 8 号——资产减值》的规定,确定资产发生了减值,应当根据所确认的资产减值金额,借记"资产减值损失"科目,贷记"在建工程减值准备"科目。在期末,企业应当将"资产减值损失"科目余额转入"本年利润"科目。

在建工程减值准备不可逆。虽然,所有资产计提减值准备后都会降低企业利润,但根据会计准则规定,对于在建工程等长期资产减值准备一旦计提不得转回,所以在上市企业财报中,对坏账准备和存货跌价准备计提比较普遍,对固定资产、无形资产、长期股权投资、在建工程等减值准备计提较少,部分企业在某些年份大量转回坏账准备和存货跌价准备,不排除利用减值准备进行盈余管理的可能,而对在建工程等长期资产一旦计提减值准备,便坚如磐石存在,无法作为利润调节器,也不能为过去的误判而计提的减值准备埋单,这也是一般企业轻易不计提在建工程等长期资产减值准备的另一个操作理由。所以,在建工程减值准备作为"利润调节器",具有"双刃剑"的功效,稍有纰漏,便会"作茧自缚"。

(三) 在建工程实地检查程序

(1) 收集客户有关在建工程的立项批复、建设许可证、施工许可证、可行性报告、工程概预算、施工合同、设备购置合同等资料,并实施复核程序,形成复核记录。

(2) 检查本期增加的在建工程,凭证手续是否齐备,形成查验记录。

①以现金(含银行存款)购入或支付工程进度款的,对照合同、购货发票、验收入库单、工程进度报告以及入账凭证,分别检查单位名称、项目、数量(或面积)、金额、入账时间是否相符,相关手续是否齐全。

②进行完工工程价款结算的,对照工程决算审计报告、工程价款结算清单、合同、发票以及入账凭证,分别检查单位名称、项目、金额、入账时间是否相符,相关手续是否齐全。必要时向施工单位发函询证。

(3) 对购置的货物按合同约定已经运达并经验收合格,或者是工程进度已经完成但尚未及时办理价款结算的,检查有无按合同约定或进度增加当期工程实际支出和应付款项。对尚未入账的设备尾款应予确认当期债务。

(4) 检查会计处理是否正确。

四、审计目标与认定的关系

(1) 确定记录的在建工程是否存在,是否反映了被审计单位基建、更新改造等在建工程发生的支出（存在）。

（2）确定所有应当记录的在建工程是否均已记录（完整性）。

（3）确定记录的在建工程是否由被审计单位拥有或控制（权利和义务）。

（4）确定在建工程是否以恰当的金额包括在财务报表中，与之相关的计价或分摊调整是否已恰当记录（准确性、计价和分摊）。

（5）确定在建工程是否已按照企业会计准则的规定，在财务报表中作出适当列报和披露（列报）。

任务9-6（下） 审计工程物资业务

一、业务了解

工程物资指用于固定资产建造的建筑材料（如钢材、水泥、玻璃等）、企业（民用航空运输）的高价周转件（如飞机的引擎）等。买回来要再次加工建设的资产，在资产负债表中列示为非流动资产。该科目用来核算企业为基建工程、更新改造工程和大修理工程准备的各种物资的实际成本，包括为工程准备的材料、尚未交付安装的需要安装设备的实际成本，以及预付大型设备款和基本建设期间根据项目概算购入为生产准备的工具及器具等的实际成本。企业购入不需要安装的设备，应当在"固定资产"科目核算，不在本科目核算。

二、知识点

工程物资科目核算企业为在建工程准备的各种物资的价值，包括工程用材料、尚未安装的设备以及为生产准备的工器具等。应当设置以下明细科目：①专用材料；②专用设备；③预付大型设备款；④为生产准备的工具及器具。工程物资发生减值准备的，应在本科目设置"减值准备"明细科目进行核算，也可以单独设置"工程物资减值准备"科目进行核算。

（一）工程物资的主要账务处理

（1）购入为工程准备的物资，借记本科目，贷记"银行存款""其他应付款"等科目。

（2）领用工程物资，借记"在建工程"科目，贷记本科目。工程完工后将领出的剩余物资退库时，做相反的会计分录。

（3）资产负债表日，根据资产减值准则确定工程物资发生减值的，按应减记的金额，借记"资产减值损失"科目，贷记本科目（减值准备）。

领用或处置工程物资时，应结转已计提的工程物资减值准备。

（4）工程完工，将为生产准备的工具和器具交付生产使用时，借记"包装物及低值易耗品"等科目，贷记本科目。

工程完工后剩余的工程物资转作本企业存货的，借记"原材料"等科目，贷记本科目。采用计划成本核算的，应同时结转材料成本差异。

工程完工后剩余的工程物资对外出售的，应确认其他业务收入并结转相应成本。

上述事项涉及增值税的，应结转相应的增值税额。

本科目期末借方余额，反映企业为在建工程准备的各种物资的价值。

（二）工程物资与在建工程的区别

工程物资反映企业各项工程尚未使用的工程物资的实际成本。本项目应根据"工程物资"科目的期末余额填列。

在建工程反映企业期末各项未完工程的实际支出，包括：交付安装的设备价值，未完建筑安装工程已经耗用的材料、工资和费用支出、预付出包工程的价款、已经建筑安装完毕但尚未交付使用的工程等的可收回金额。本项目应根据"在建工程"科目的期末金额，减去"在建工程减值准备"科目期末余额后的金额填列。

（三）工程物资审计的重要意义

在工程建设领域，物资设备占比较高，物资设备价格高低，直接影响工程建设成本及效益。物资设备质量的好坏，则影响工程质量和安全。能否将物资设备按时按量保障供应，则会影响工程进度。工程物资审计是施工企业加强管理的重要环节，可以促使企业规范化、标准化管理，促使企业健康发展，是企业发展中不可或缺的重要环节。

三、审计目标与认定的关系

（1）确定资产负债表中记录的工程物资是否存在（存在）。

（2）确定所有应记录的工程物资是否均已记录（完整性）。

（3）确定资产负债表中的工程物资是否由被审计单位拥有或控制（权利和义务）。

（4）确定工程物资是否以恰当的金额包括在财务报表中，与之相关的计价调整是否已恰当记录（准确性、计价和分摊）。

（5）确定工程物资是否已按照企业会计准则的规定在财务报表中作出恰当列报（列报）。

任务 9-7 审计无形资产业务

一、业务了解

无形资产是指企业拥有或者控制的没有实物形态的可辨认非货币性资产,无形资产可通过外购、自行开发、投资者投入等方式取得,主要包括专利权、非专利技术、商标权、著作权、土地使用权、特许权等。

二、流程图

无形资产审计流程如图 9-13 所示。

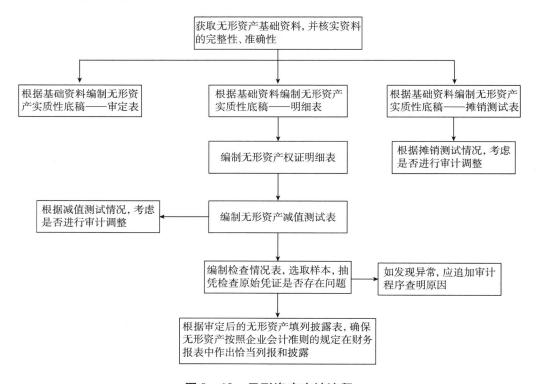

图 9-13 无形资产审计流程

三、知识点

《企业会计准则第 6 号——无形资产》,《企业会计准则第 8 号——资产减值》,无形资产初始计量,无形资产后续计量。

（一）无形资产的特征

（1）没有实物形态。无形资产本身没有实物形态，它通常体现为一种权利、技术或能够获得超额利润的能力，如土地使用权、非专利技术等。因此它具有价值，也能为企业带来经济利益，不具有实物形态是无形资产区别于其他有形资产的一个显著标志。

（2）可辨认性。无形资产可以从企业的其他资产中分离出来，或虽不能分离，但能够识别出来。

（3）无形资产属于非货币性资产。

（二）无形资产的内容

（1）专利权。专利权是指权利人在法定期限内对某一发明创造所拥有的独占权和专有权。

（2）商标权。商标权是指企业专门在某些指定的商品上使用特定的名称、图案、标记的权利。

（3）土地使用权。土地使用权是指国家准许某一特定企业在一定期间对国有土地享有开发、利用、经营的权利。根据我国土地管理法的规定，我国土地实行公有制，任何单位和个人不得侵占、买卖或者以其他形式非法转让，国有土地可以依法确定给国有企业、集体企业等单位，其使用权可依法转让。企业取得土地使用权通常确认为无形资产，当企业改变土地用途，用于赚取租金或资本增值时，应当将其转为投资性房地产。

（4）著作权。著作权是指著作权人对其著作依法享有出版、发行等方面的专有权利。

（5）特许权。特许权也称专营权，是指在某一地区经营和销售某种特定商品的权利或由一家企业接受另一家企业使用其商标、商号、技术秘密等的权利。

（6）非专利技术。非专利技术也称专有技术，是指发明人垄断的、不公开的、具有实用价值的先进技术、资料、技能、知识等。非专利技术有些是自己研究开发的，研究过程中发生的相关费用，会计核算上一般将其全部列作当期费用处理，不作为无形资产核算。

（三）无形资产的分类

（1）按无形资产的取得方式，可以分为外购无形资产、自创无形资产、投资者投入无形资产等。

（2）按使用寿命是否可确定，可以分为使用寿命有限的无形资产和使用寿命不确定的无形资产。合同或法律规定了无形资产的使用寿命或企业自身能够确定其为企业带来未来经济利益的期限的，应归属于使用寿命有限的无形资产。如果合同或法律没有规定无形资产的使用寿命或企业自身不能够确定其为企业带来未来经济利益的期限的，应归属于使用寿命不确定的无形资产。

（四）研究开发项目支出的确认

（1）研究阶段和开发阶段的划分。企业内部研究开发项目的支出应当区分研究阶段支出与开发阶段支出。

研究阶段是指企业为获取并理解新的科学或技术知识而进行的独创性的有计划调查（停留在理论上），其特点在于研究阶段是探索性的，为进一步的开发活动进行资料及相关方面的准备，从已经进行的研究活动看，将来是否转入开发、开发后是否会形成无形资产等具有较大的不确定性。例如，意在获取知识而进行的活动，研究成果或其他知识的应用研究、评价和最终选择，材料、设备、产品、工序、系统或服务替代品的研究，新的或经改进的材料、设备、产品、工序、系统或服务的替代品的配制、设计、评价和最终选择等，均属于研究活动。

开发阶段是指在进行商业性生产或使用前，将研究成果或其他知识应用于某项计划或设计，以生产出新的或具有实质性改进的材料、装置、产品等。开发阶段相对于研究阶段而言应当是已完成研究阶段的工作，在很大程度上具备了形成一项新产品或新技术的基本条件。例如，生产前或使用前的原型和模型的设计、建造和测试，不具有商业性生产经济规模的试生产设施的设计、建造和运营等，均属于开发活动。

（2）企业内部研究开发项目支出的确认。企业内部研究开发项目研究阶段的支出，应当于发生时计入当期损益，不确认为无形资产。企业内部研究开发项目开发阶段的支出，能同时满足下列条件的才能确认为无形资产。

①完成该无形资产以使其能够使用或出售，在技术上具有可行性。判断无形资产的开发在技术上是否具有可行性，应当以目前阶段的成果为基础，并提供相关证据和材料证明企业进行开发所需的技术条件等已经具备，不存在技术上的障碍或其他不确定性，比如企业已经完成了全部计划、设计和测试活动，这些活动是使无形资产能够达到设计规划书中的功能、特征和技术所必需的活动或经过专家鉴定等。

②具有完成该无形资产并使用或出售的意图，也就是说企业能够说明其开发该无形资产的目的。

③有无形资产产生经济利益的方式。

④有足够的技术、财务和其他资源支持，以完成该无形资产的开发，并有能力使用或出售该无形资产。

⑤归属于该无形资产开发阶段的支出能可靠地计量。

如果无法可靠区分研究阶段的支出和开发阶段的支出，应将全部研发支出费用化，计入当期损益。

（五）无形资产的账户设置

为了核算和监督各项无形资产的增减变化及结存情况，企业应设置"无形资产""累计摊销"等科目。

"无形资产"科目核算企业持有的无形资产成本，借方登记以各种方式、途径取得的无形资产的实际成本，贷方登记转让、核销无形资产的成本，余额在借方，反映企业期末无形资产的成本，"无形资产"科目应按无形资产的项目设置明细科目进行明细核算。

"累计摊销"属于"无形资产"科目的备抵科目，类似于"累计折旧"科目，相对于"固定资产"科目，核算企业对使用寿命有限的无形资产计提的累计摊销，贷方登记按期计提的无形资产的摊销额，借方登记处置无形资产时结转的累计摊销额，余额在贷方，反映企业无形资产的累计摊销额。

（六）无形资产取得的核算

（1）外购无形资产业务。外购的无形资产，取得增值税专用发票的，按实际取得无形资产支付的成本价款，借记"无形资产"科目，按增值税进项税额借记"应交税费——应交增值税（进项税额）"科目，贷记"银行存款"等账户，取得增值税普通发票的按照注明的价税合计金额作为无形资产的成本，其进项税额不可抵扣。

（2）自行研发的无形资产业务。区分研究阶段的支出和开发阶段的支出，研究阶段支出和不符合资本化条件的开发阶段支出计入"研发支出——费用化支出"。符合资本化条件的开发阶段支出，先计入"研发支出——资本化支出"，研发完成后，再转入无形资产。

（3）投资者投入的无形资产。投资者投入的无形资产，按确认的公允价值，借记"无形资产"账户，按双方协议约定的价值，贷记"实收资本"或"股本"账户，两者的差额计入"资本公积"。

（七）无形资产摊销的核算

使用寿命有限的无形资产的摊销期自其可供使用时至不再作为无形资产确认时，

按无形资产成本扣除预计残值后的金额作为摊销金额，借记"管理费用"科目，贷记"累计摊销"科目，已经计提减值准备的无形资产，还应扣除已计提的减值准备累计金额作为摊销金额，借记"管理费用"科目，贷记"累计摊销"科目。企业选择无形资产的摊销方法，应当反映与该项无形资产有关的经济利益的预期实现方式，否则一般采用直线法进行摊销。

（八）无形资产减值的核算

无形资产在资产负债表日存在可能发生减值迹象时，可收回金额低于账面价值，企业应该将该无形资产的账面价值减记至可收回金额，减记的金额确认为减值损失，计入当期损益，同时计提相应的减值准备，按应减记的金额借记"资产减值损失——计提的无形资产减值准备"科目，贷记"无形资产减值准备"科目，无形资产减值损失一经确认，在以后会计期间不得转回。

（九）无形资产处置的核算

（1）无形资产出售的核算。企业出售无形资产是指转让无形资产的所有权、使用权、收益权和处置权。

我国营业税改征增值税之后规定：转让商标权、著作权、专利权、非专利技术使用权和所有权应交增值税，专利技术和非专利技术的转让及其相关服务在试点期间免征增值税，商标权、著作权和商誉的转让按6%的税率征收增值税。

企业出售无形资产，按实际取得的收入，借记"银行存款"等科目；按其已计提的减值准备，借记"无形资产减值准备"科目；按无形资产已累计摊销的金额借记"累计摊销"科目；按无形资产的账面价值，贷记"无形资产"科目；按应支付的相关税费，贷记"银行存款""应交税费"等科目；按其差额，贷记"营业外收入——出售无形资产收益"科目或借记"营业外支出——出售无形资产损失"科目。

（2）无形资产报废的核算。如果无形资产预期不能为企业带来经济利益，不再符合无形资产的定义，应该将无形资产的账面价值予以转销，按该项无形资产已累计摊销的金额，借记"累计摊销"科目；按其已计提的减值准备借记"无形资产减值准备"科目；按其账面价值贷记"无形资产"科目，以上科目的差额即转销的净损失，借记"营业外支出"科目。

（十）无形资产出租的核算

出租无形资产是指转让无形资产的使用权，即将无形资产的使用权有条件地让渡他人，而继续拥有无形资产的占用权、使用权、收益权和处置权。

企业出租无形资产，既要核算租金收入，同时还应结转出租无形资产的成本，租金收入计入"其他业务收入"账户。出租无形资产的成本包括出租过程中所发生的相关税费支出及出租期间应摊销的金额，出租过程中发生的相关税费及出租期间应摊销的金额等支出计入"其他业务成本"账户。

企业出租无形资产，按取得的租金收入借记"银行存款"等科目，贷记"其他业务收入"科目。结转出租无形资产的成本时，借记"其他业务成本"科目，贷记"累计摊销""应交税费""银行存款"等科目。

（十一）无形资产后续支出的核算

无形资产后续支出是指无形资产入账后，为确保该无形资产能够给企业带来预定的经济利益而发生的支出，比如相关的宣传活动支出，由于这些支出仅是为了确保已确认的无形资产能够为企业带来预定的经济利益，因而，应在发生当期确认为费用。

（十二）无形资产审计

无形资产审计是指审计人员审查无形资产是否存在、有无虚构，购入是否合法，入账价值是否正确，是否按照国家法规及合同协议或已批复的企业申请书的规定期限及有效使用年限分期摊销，摊销数额的计算是否正确。审查无形资产的转让是否合规，注意转让或出售作价是否合理，其收入是否及时入账，账务处理是否正确。注意以无形资产作价对外投资，其作价是否经过具有评估资格的评估机构评估。

通过对无形资产的审计可以促进企业加强无形资产的开发与管理、提升企业竞争力、提高企业经济效益，同时对促进企业提高对无形资产重要性的认识及管理机制的形成具有重要意义。

四、审计目标与认定的关系

（1）确定资产负债表中记录的无形资产是否真实存在（存在）。

（2）确定所有应当记录的无形资产是否均已记录（完整性）。

（3）确定资产负债表中记录的无形资产是否由被审计单位拥有或控制（权利和义务）。

（4）确定无形资产是否以恰当的金额列报在财务报表中，与之相关的计价或分摊调整是否已恰当记录（准确性、计价和分摊）。

任务 9-8 审计长期待摊费用业务

一、业务了解

长期待摊费用是指企业已经支出，但摊销期限在 1 年以上（不含 1 年）的各项费用。长期待摊费用不能全部计入当年损益，应当在以后年度内分期摊销，具体包括租入固定资产的改良支出及摊销期限在 1 年以上的其他待摊费用。根据新会计准则的规定，开办费和修理费均一次性计入当期损益。其中，开办费计入当期管理费用，修理费计入销售费用或管理费用（即修理费一律费用化）。开办费是指企业在筹建期间所发生的费用，包括员工薪酬、办公费用、培训支出、差旅费、印刷费、注册登记费以及不计入固定资产价值的借款费用等。摊销期限在 1 年以上的待摊费用，都在本科目按规定进行摊销。其在资产负债表中的数额，反映的是企业各项尚未摊销完的长期待摊费用的摊余价值。

二、流程图

（1）长期待摊费用流程如图 9-14 所示。

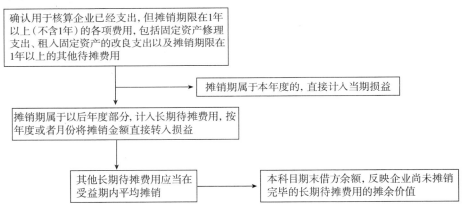

图 9-14 长期待摊费用流程

（2）长期待摊费用审计流程如图 9-15 所示。

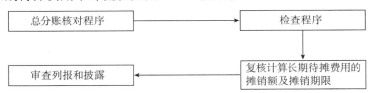

图 9-15 长期待摊费用审计流程

三、知识点

在"长期待摊费用"账户下,企业应按费用的种类设置明细账,进行明细核算,并在会计报表附注中按照费用项目披露其摊余价值、摊销期限、摊销方式等。长期待摊费用属于长期资产。长期待摊费用是企业已经支出的各项费用,应能使以后会计期间受益。

(1)企业在筹建期间发生的费用,除购置和建造固定资产以外,应先在长期待摊费用中归集,待企业开始生产经营,一次计入生产经营当期的损益。

(2)固定资产大修理支出采取待摊方法的,实际发生的大修理支出应当在大修理间隔期内平均摊销。

(3)股份有限公司委托其他单位发行股票支付的手续费或佣金减去发行股票冻结期间的利息收入后的相关费用,从发行股票的溢价中不够抵销的,或者无溢价的,作为长期待摊费用,在不超过两年的期限内平均摊销,计入管理费用。

(4)长期待摊费用可按费用项目进行明细核算。

(5)企业发生的长期待摊费用,借记本科目,贷记"银行存款""原材料"等科目。摊销长期待摊费用,借记"管理费用""销售费用"等科目,贷记本科目。

(6)本科目期末借方余额,反映企业尚未摊销完毕的长期待摊费用的摊余价值。

(7)其他长期待摊费用应当在受益期内平均摊销。

(8)长期待摊费用包括已提足折旧的固定资产的改建支出、经营租入固定资产的改建支出、符合税法规定的固定资产大修理支出和其他长期待摊费用等。

①已提足折旧的固定资产的改建支出,按照固定资产预计尚可使用年限分期摊销。从定义可以看出,改扩建一般情况下是可以延长资产使用寿命的。对于"已提足折旧的固定资产"而言,小企业准则规定是不能对折旧年限进行调整的,所以只能通过长期待摊费用核算,并在固定资产预计尚可使用年限内分期摊销。

②经营租入固定资产的改建支出,按照合同约定的剩余租赁期限分期摊销。承租方只在协议规定的期限内拥有对该资产的使用权,因而对以经营租赁方式租入的固定资产发生的改建支出,不能计入固定资产成本,只能计入长期待摊费用,在协议约定的租赁期内平均分摊。对于"经营租入固定资产的改建支出",企业会计准则和小企业会计准则中核算原理与方法均一致。

③符合税法规定的固定资产大修理支出,按照固定资产尚可使用年限分期摊销。《中华人民共和国企业所得税法》第十三条第(三)项所称固定资产的大修理支出,

是指同时符合下列条件的支出：第一，修理支出达到取得固定资产时的计税基础50%以上；第二，修理后固定资产的使用年限延长两年以上。符合以上两个条件的大修理支出，在发生时，借记"长期待摊费用"科目，贷记"原材料""银行存款"等科目。该支出在固定资产尚可使用年限内进行摊销，借记相关资产的成本或者当期损益科目，贷记"长期待摊费用"科目。

④其他长期待摊费用。自支出发生月份的次月起分期摊销，摊销年限不得少于3年。

四、审计目标与认定的关系

（1）确定记录的长期待摊费用在资产负债表日是否确实存在，反映了被审计单位已经发生但应由本期和以后各期负担的分摊期限在1年以上的各项费用（如以经营租赁方式租入的固定资产发生的改良支出等）（存在）。

（2）确定所有应当记录的长期待摊费用是否均已记录（完整性）。

（3）确定记录的长期待摊费用资产是否由被审计单位拥有或控制（权利和义务）。

（4）确定长期待摊费用是否以恰当的金额包括在财务报表中，与之相关的计价或分摊调整是否已恰当记录（计价和分摊）。

（5）确定长期待摊费用是否已按照企业会计准则的规定，在财务报表中作出了适当的列报和披露（列报）。

任务9-9 审计销售费用业务

一、业务了解

销售费用是指企业在销售商品和材料、提供劳务的过程中发生的各种费用，包括企业在销售商品过程中发生的保险费、包装费、展览费和广告费、商品维修费、预计产品质量保证损失、运输费、装卸费等费用，以及企业发生的为销售本企业商品而专设的销售机构（含销售网点、售后服务网点等）的职工薪酬、业务费、折旧费等经营费用。企业发生的与专设销售机构相关的固定资产修理费用等后续支出，也在本科目核算。

二、流程图

销售费用报销流程、销售费用审计流程分别如图9-16、图9-17所示。

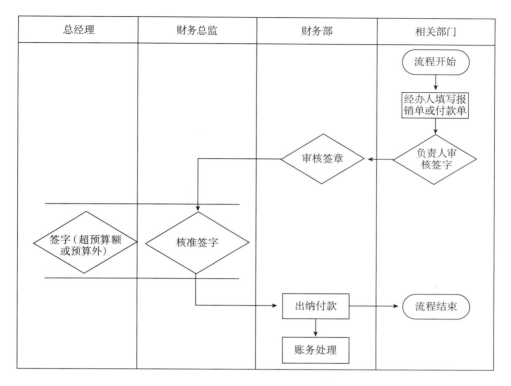

图 9-16 销售费用报销流程

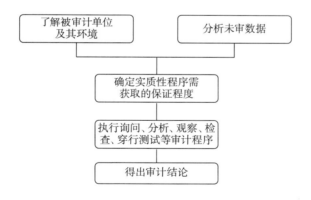

图 9-17 销售费用审计流程

三、知识点

销售费用是与企业销售商品活动有关的费用,但不包括销售商品本身的成本和劳务成本,这两类成本属于主营业务成本。企业应通过"销售费用"科目,核算销售费用的发生和结转情况。该科目借方登记企业所发生的各项销售费用,贷方登记期末结入"本年利润"科目的销售费用,结转后,该科目应无余额。该科目应按销售费用的费用项目进行明细核算。

销售费用的主要账户处理。企业在销售商品过程中发生的包装费、保险费、展览费和广告费、运输费、装卸费等费用，借记本科目，贷记"库存现金""银行存款"等科目。发生的为销售本企业商品而专设的销售机构的职工薪酬、业务费等经营费用，借记本科目，贷记"应付职工薪酬""银行存款""累计折旧"等科目。期末，应将本科目余额转入"本年利润"科目，结转后本科目无余额。

销售费用审计是指对企业产品销售过程中发生的各项费用（包装费、运杂费、广告费，以及专设销售机构的经费）的审计。审计的主要内容是：①审查销售费用的支出范围是否符合规定，有无将交际费、赠送样品费等计入销售费列支的情况。②审查销售费用明细账与有关的付款凭证，核对它们是否一致，查明各项费用支出的真实性、合法性和合理性。③审查销售费用的分配方法是否合理，分配的数额是否正确。

期间费用（管理费用、财务费用、销售费用）是企业费用支出的重要部分之一，期间费用的核算管理直接影响着企业的经济效益和管理质量，销售费用的审计对企业来说至关重要，完善企业管理制度，才能使企业不断成长、壮大。

此处可参阅《中华人民共和国发票管理办法》《中华人民共和国企业所得税法实施条例》等相关法律法规的规定。

四、审计目标与认定的关系

（1）确定利润表中记录的销售费用是否已发生，且与审计单位有关（发生）。

（2）确定所有应当记录的销售费用是否均已记录（完整性）。

（3）确定与销售费用有关的金额及其他数据是否已恰当记录（准确性）。

（4）确定销售费用是否已记录于正确的会计期间（截止）。

（5）确定销售费用是否已记录于恰当的账户（分类）。

（6）确定销售费用是否已按照企业会计准则的规定，在财务报表中作出恰当的列报和披露（列报）。

任务 9-10　审计管理费用业务

一、业务了解

管理费用是指企业为组织和管理企业生产经营活动而发生的各项管理费用，包括企业在筹建期间发生的开办费、董事费和行政管理部门在企业的经营管理中发生的或者应由企业统一负担的企业经费（包括行政管理部门职工薪酬、物料消耗、低值易耗品摊销、办公费和差旅费等）、行政管理部门负担的工会经费、董事会经费（包括董事会成员津贴、会议费和差旅费等）、聘请中介机构费、咨询费（含顾问费）、诉讼费、业务招待费、技术转让费、矿产资源补偿费、研究费用、排污费以及企业生产车间（部门）和行政管理部门发生的固定资产修理费等。

二、流程图

管理费用报销流程、管理费用审计流程分别如图 9－18、图 9－19 所示。

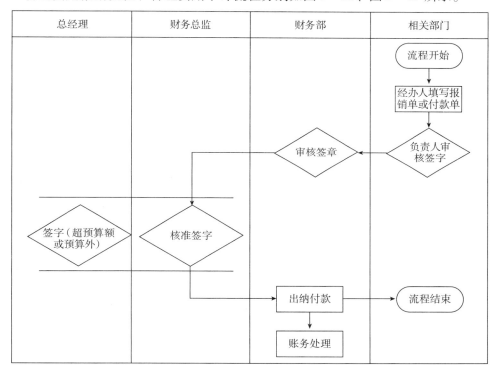

图 9－18　管理费用报销流程

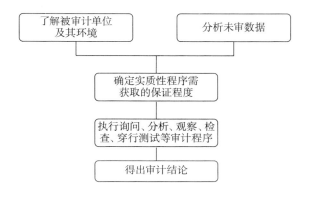

图 9－19　管理费用审计流程

三、知识点

企业应设置"管理费用"科目，核算管理费用的发生和结转情况，该科目借方登记企业发生的各项管理费用，贷方登记期末转入"本年利润"科目的管理费用，结转后该科目应无余额，该科目应按管理费用的项目进行明细核算，商品流通企业管理费用不多的企业可不设本科目，相关核算内容可并入"销售费用"科目核算。

管理费用的主要账务处理如下。

（1）企业在筹建期间发生的开办费，包括人员工资、办公费、培训费、差旅费、印刷费、注册登记费以及不计入固定资产成本的借款费用等在实际发生时，借记本科目（开办费），贷记"银行存款"等科目。

（2）行政管理部门人员的职工薪酬，借记本科目，贷记"应付职工薪酬"科目。

（3）行政管理部门计提的固定资产折旧，借记本科目，贷记"累计折旧"科目。

（4）发生的办公费、水电费、业务招待费、聘请中介机构费、咨询费、诉讼费、技术转让费、研究费用，借记本科目，贷记"银行存款"等科目。

（5）按规定计算确定的应交矿产资源补偿费、房产税、车船税、土地使用税、印花税，借记本科目，贷记"应交税费"科目。

（6）期末，应将本科目的余额转入"本年利润"科目，结转后本科目无余额。

管理费用审计是企业生产费用审计主要内容之一，指对企业和车间为管理与组织生产而发生的各项费用所进行的审计。审计主要内容包括：检查企业管理费和车间经费的控制制度及费用计划是否完善；审查费用计划的执行情况，如有超支，要查明超支原因和超支部分是否已在企业专用基金中开支；各项费用开支是否合理合法，符合有关制度及开支标准，重点审查有无多报冒领、假公济私和挥霍浪费等行为；划清费用界限，防止挤占成本，把不应列入管理费的支出列入管理费用；需经批准后才能报销的损失性开支，如材料、在产品、产成品盘亏损毁等，要检查其发生的原因和审批手续是否完备；应当抵减收入后列支的费用项目，如利息收入、财产盘亏等，检查其收入是否全部入账；国家规定在专用基金中开支的各项赔款、违约金、滞纳金、罚款、罚息等应查明发生原因和责任，并检查其是否已按规定由专用基金开支；审查企业管理费和车间经费的分配对象是否正确合理；检查分配的方法、标准和分配额的计算是否正确并前后一致；审查账务处理及有关凭证的真实性和合法性，防止可能发生的各种错弊。

此处可参阅《中华人民共和国发票管理办法》《中华人民共和国增值税暂行条例实施细则》《中华人民共和国企业所得税法实施条例》《中华人民共和国印花税法》等相关法律法规的规定。

四、审计目标与认定的关系

（1）确定利润表中记录的管理费用是否已发生，且与被审计单位有关（发生）。

（2）确定所有应当记录的管理费用是否均已记录（完整性）。

（3）确定与管理费用有关的金额及其他数据是否已恰当记录（准确性）。

（4）确定管理费用是否已记录于正确的会计期间（截止）。

（5）确定管理费用是否已记录于恰当的账户（分类）。

（6）确定管理费用已按照企业会计准则的规定，在财务报表中作出恰当列报和披露（列报）。

> 即测即练

项目 10　审计生产与存货业务循环

知识目标

1. 了解生产与存货循环的主要业务活动。
2. 了解生产与存货循环控制测试的要点。
3. 熟悉生产与存货循环中涉及的主要凭证和会计记录。
4. 理解生产与存货循环实质性程序的设计（材料采购业务审计、原材料业务审计、库存商品业务审计、生产成本业务审计、制造费用业务审计、营业成本业务审计）。

技能目标

1. 能把握生产与存货循环控制测试的要点。
2. 会完成材料采购业务审计、原材料业务审计、库存商品业务审计、生产成本业务审计、制造费用业务审计、营业成本业务审计。

思政目标

坚持准则，诚信为本，不做假账，操守为重。做好社会经济的看门人，践行社会主义核心价值观。

思维导图

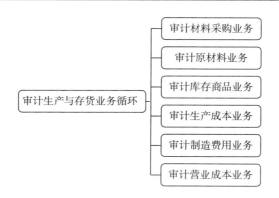

任务 10-1 审计材料采购业务

一、业务了解

在计划成本法下，原材料的核算是指企业原材料的收入、发出和结存均按事先制订的计划成本计价，将实际成本与计划成本的差额通过"材料成本差异"账户反映，期末时将发出材料的计划成本调整为实际成本。

原材料按计划成本核算时，应设置"原材料""材料采购"和"材料成本差异"等账户。

二、流程图

材料采购流程如图 10-1 所示。

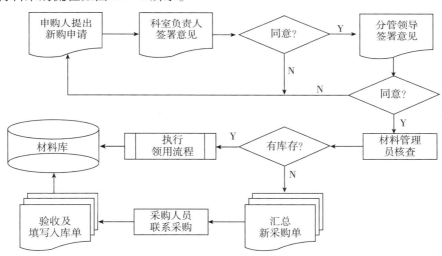

图 10-1 材料采购流程

材料采购审计流程如图 10-2 所示。

图 10-2 材料采购审计流程

三、知识点

材料采购是用来反映和监督材料采购资金的使用情况、核算外购材料的采购成本，确定材料成本差异（材料的实际成本和计划成本之间的差额）的一个会计账户。本科目用于核算企业采用计划成本进行材料日常核算而购入材料的采购成本。借方登记购入材料的实际成本，以及结转至"材料成本差异"账户的入库材料实际成本小于计划成本的节约差异，贷方登记验收入库材料的计划成本，以及结转至"材料成本差异"账户的入库材料实际成本大于计划成本的超支差异，期末余额在借方，反映在途材料的实际成本。该科目可按供应单位和材料品种进行明细核算。

企业支付材料价款和运杂费等时，按应计入材料采购成本的金额，借记本科目，按可抵扣的增值税额，借记"应交税费——应交增值税（进项税额）"科目，按实际支付或应付的款项，贷记"银行存款""现金""应付账款""应付票据""预付账款"等科目。

材料采购审计是对材料采购业务、采购成本核算，以及在途材料的审计。其主要内容包括：①审查材料采购是否执行供应计划，有无超计划、无计划采购，其理由是否妥当。②审查材料采购成本的核算是否准确，有无超越成本范围的费用计。③审查购入材料的非合理损耗的处理情况，索赔或核销的程序、手续是否合法、合理。④审查入库材料结转计划成本是否准确、合规。⑤审查月末尚未到达或尚未验收入库的"在途材料"的原因，有无不正常的情况存在。⑥审查材料采购账户登记和核算的内容是否完整、真实。⑦审查材料成本差异的计算和结转是否正确、合规。

材料采购业务是企业成本控制的基础环节，材料采购成本控制的好坏很大程度上决定了企业成本控制的成败。首先，采购周转率高，可提高资金的周转率。合理的采购数量与适当的采购时机，既能避免停工待料，又能降低物料库存，减少资金积压与占用。其次，采购部门可在收集市场情报时，提供新的物料以代替旧物料，以达到提高品质、降低成本之目的。还有一点必须控制材料采购成本的原因就是，材料采购成本的降低可以有效地降低制造类企业的生产成本，以达到提高企业利润的目的。

企业应当做好材料采购环节的审计工作。企业材料采购环节都是人为控制的，负责采购的员工作为一个"经济人"容易受到利益的诱惑。材料采购审计对规范员工的行为、控制材料采购成本具有重要意义。审计人员要定期对材料采购情况进行审计,审计范围包括采购量是否按计划执行和审批程序是否在权限内进行等。此外,审计人员应对采购环节出现的缺陷提出整改意见。

四、审计目标与认定的关系

(1) 确定被审计单位材料采购是否存在(存在)。

(2) 确定材料采购的期末计价是否正确(准确性、计价和分摊)。

(3) 确定材料采购增减变动的计价及会计分录是否正确(准确性、计价和分录)。

(4) 确定材料采购的披露是否恰当(列报)。

任务 10-2　审计原材料业务

一、业务了解

原材料是指企业在生产过程中经加工改变其形态或性质并构成产品主要实体的各种原料及主要材料、辅助材料、燃料、修理用备件、包装材料、外购半成品等。原材料是企业存货的重要组成部分,其品种、规格较多,为加强对原材料的管理和核算,需要对其进行科学的分类。

原材料按其存放地点可分三类:在途物资,库存材料,委托加工物资。

二、流程图

(1) 原材料出入库流程如图 10-3 所示。

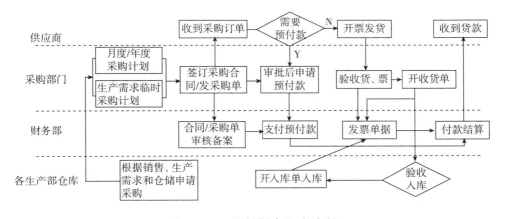

图 10-3　原材料出入库流程

（2）原材料审计业务流程如图 10-4 所示。

图 10-4　原材料审计业务流程

三、知识点

在实际成本法下，取得原材料通过"原材料"和"在途物资"科目核算。

"原材料"账户属资产类账户，用来核算企业库存的各种原材料的实际成本，该账户借方登记收入原材料的实际成本，贷方登记发出原材料的实际成本，期末余额在借方，表示库存原材料的实际成本。

"在途物资"账户用来核算企业已经付款或已开出承兑商业汇票但尚未到达或尚未验收入库的各种物资的实际成本，借方登记已支付或已开出承兑商业汇票的各种物资的实际成本，贷方登记已验收入库物资的实际成本，期末余额在借方，表示已经付款或已开出承兑商业汇票但尚未到达或尚未验收入库的在途物资的实际成本。

原材料成本包括采购成本、加工成本和其他成本。原材料的采购成本包括购买价款、相关税费、运输费、装卸费、保险费以及其他可归属存货采购成本的费用。其中，原材料的购买价款是指企业购买材料或商品时发票账单上列明的价款，但不包括指定可以抵扣的增值税进项税额，相关的税费是指企业购买原材料发生的进口关税、消费税、资源税、不能抵扣的增值税进项以及相应的教育费附加等应计入原材料采购成本的税费。其他可归属原材料采购成本的费用是指采购成本中除了上述各项以外的可归属于原材料的采购费用，如原材料采购过程中发生的仓储费、包装费、运输途中的合理损耗、入库前的挑选整理费用等。原材料的加工成本是指在原材料加工过程中发生的追加费用，包括直接人工以及按照一定方法分配的制造费用。原材料的其他成本是指除了采购成本和加工成本之外的使原材料到达目前场所和达到目前状态所发生的支出。由于原材料的来源不同，其成本构成内容也不同。

存货截止测试就是检查截至当年 12 月 31 日，所购入的存货或已销售的存货是否与其对应的会计账户一并计入同一会计期间。正确确定存货购入与销售的截止日期，是正确、完整地记录企业年末存货的前提。如果被审计单位于当年 12 月 31 日购入货物，并已包括在当年 12 月 31 日的实物盘点范围内，而当年 12 月账上并无进货和对应的负债记录，这就少记了账面存货和应付账款。这时若将盘盈的存货冲减有关费用或增加有关收入，就虚增了本年利润。相反，如果在当年 12 月 31 日收到一张购货发票，并记入当年 12 月账内，而这张发票所对应的存货实物却于次年 1 月 3 日收到，未包括在当年年度的盘点范围内，若此时根据盘亏结果增加费用或损失，就会虚减本年度的存货和利润。

存货截止测试的方法主要有两种。

（1）检查存货盘点日前后的购货（销售）发票与验收报告、入库单（出库单）。

（2）查阅验收部门的业务记录。存货监盘指注册会计师现场观察被审计单位存货的盘点，并对已盘点的存货进行适当检查。可见，存货监盘有两层含义：一是注册会计师应亲临现场观察被审计单位存货的盘点。二是在此基础上，注册会计师应根据需要适当抽查已盘点的存货。存货监盘是存货审计必不可少的一项审计程序，主要是针对存货的存在认定、完整性认定以及权利和义务的认定。注册会计师监盘存货的目的在于获取有关存货数量和状况的审计证据，以确定被审计单位记录的所有存货确实存在并属于被审计单位的合法财产。

存货监盘程序包括以下重要步骤：存货盘点前的计划工作、盘点问卷调查、实地观察盘点、复盘抽点、编制审计工作底稿、特殊情况的处理。

四、审计目标与认定的关系

（1）确定资产负债表中记录的存货是否真实存在（存在）。

（2）确定所有应当记录的存货是否均已记录（完整性）。

（3）确定存货的计价方法是否恰当，按成本与可变现净值孰低计价并列示（准确性、计价和分摊）。

（4）确定记录的存货是否由被审计单位拥有或控制，所有的存货没有用于抵押或担保，如有，已确认并恰当披露（权利和义务）。

（5）确定存货已按照企业会计准则的规定在财务报表中披露（列报）。

任务 10-3 审计库存商品业务

一、业务了解

库存商品是指企业已完成全部生产过程并已验收入库，合乎标准规格和技术条件，可以按照合同规定的条件送交订货单位，或可以作为商品对外销售的产品以及外购或委托加工完成验收入库用于销售的各种商品。库存商品明细账应按企业库存商品的种类和规格设置明细账。如有存放在本企业所属门市部准备出售的商品、送交展览会展出的商品，以及已发出尚未办理托收手续的商品，都应单独设置明细账进行核算。库存商品明细账一般采用数量金额式。库存商品作为企业生产经营的重要组成部分，贯穿于企业运作的各个环节，是企业重要的流动资产。库存商品业务与其他业务活动关系密切，贯穿了企业的整个经营过程。

二、流程图

（1）库存商品审计流程如图10-5所示。

图10-5　库存商品审计流程

（2）库存商品业务与其他业务之间的关系——商贸企业如图10-6所示。

图10-6　库存商品业务与其他业务之间的关系——商贸企业

（3）库存商品（产成品）业务与其他业务之间的关系——制造企业如图10-7所示。

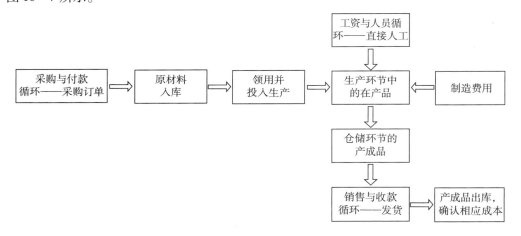

图10-7　库存商品（产成品）业务与其他业务之间的关系——制造企业

三、知识点

企业应设置"库存商品"科目，核算库存商品的增减变化及其结存情况。商品验收入库时，应由"生产成本"科目转入"库存商品"科目。对外销售库存商品时，根据不同的销售方式进行相应的账务处理。在建工程等领用库存商品，应按其成本转账。实行售价金额核算的商品零售企业，库存商品明细账按实物负责人设置。其格式一般用三栏式，只记售价金额不记数量。由于库存商品按售价记账，为随时了解库存商品的实际价值，同时也便于月末核对各实物负责人的已销商品进销差价，也可采用"库存商品"和"商品进销差价"明细分类账户相结合的方法，设置"库存商品及进销差价"明细账。

库存商品审计是指对库存商品增减变动及结存情况的真实性、合法性和正确性进行的审计。库存商品是企业重要的实物资产，库存商品的数量、价格、质量、价值以及实物的流转和价值的结算等，都是重要的审计内容。为确认企业库存商品真实存在，需对企业全部或部分库存商品进行实地盘点。为验证库存商品余额的真实性，还需对库存商品的计价进行审计。同时参考盘点过程中对库存商品的检查结果，通过对毁损、滞销等情况进行分析并结合相关部门提供资料可对存在减值迹象部分库存商品计提存货跌价准备。

库存商品审计直接影响着财务状况的客观反映，其对于揭示库存商品业务中的差错弊端，保护库存商品的安全、完整，降低产品成本及费用，提高企业经济效益等，都具有十分重要的意义。

四、审计目标与认定的关系

（1）确定被审计单位资产负债表的存货项目中的库存商品在资产负债表日是否存在（存在）。

（2）确定所有应当记录的库存商品是否均已记录（完整性）。

（3）确定记录的库存商品是否由被审计单位拥有或控制（权利和义务）。

（4）确定库存商品是否以恰当的金额包括在财务报表的存货项目中，与之相关的计价调整是否已恰当记录（准确性、计价和分摊）。

（5）确定库存商品是否已按照企业会计准则的规定，在财务报表中作出恰当的列报和披露（列报）。

任务 10-4 审计生产成本业务

一、业务了解

生产成本亦称制造成本，是指生产活动的成本，即企业为生产产品而发生的成本。生产成本是生产过程中各种资源利用情况的货币表示，是衡量企业技术和管理水平的重要指标。生产成本是生产单位为生产产品或提供劳务而发生的各项生产费用，包括各项直接支出和制造费用。直接支出包括直接材料（原材料、辅助材料、备品备件、燃料及动力等）、直接人工（生产人员的工资、补贴）及其他直接支出（如福利费）。

二、流程图

生产成本审计流程如图 10-8 所示。

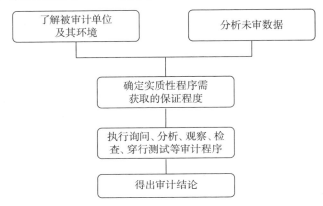

图 10-8 生产成本审计流程

三、知识点

（1）生产成本业务作用及构成。在市场经济条件下，产品成本是衡量生产消耗的补偿尺度，企业必须以产品销售收入抵补产品生产过程中的各项支出，才能确定盈利，因此在企业成本管理中生产成本的控制是一项极其重要的工作。生产成本法是目前世界各国普遍采用的一种成本计算方法，用生产成本法计算成本时，只将生产经营过程中发生的直接材料费用、直接人工费用和制造费用计入产品成本，管理费用、财务费用和销售费用不计入产品成本，而是作为当期费用直接计入当期损益。生产成本是工业企业为生产一定种类、一定数量的产品所发生的直接费用、直接人工和间接制造费用的总和。企业原材料消耗水平、设备利用好坏、劳动生产率的高低、产品技术水平是否先进等，都会通过生产成本反映出来。换言之，生产成本的控制能反映企业生产经营工作的效果。生产成本由直接材料、直接人工和制造费用三部分组成。直接材料是指在生产过程中的劳动对象，通过加工使之成为半成品或成品，它们的使用价值随之变成了另一种使用价值。直接人工是指生产过程中所耗费的人力资源，可用工资额和福利费等计算。制造费用则是指生产过程中使用的厂房、机器、车辆及设备等设施及机物料和辅料，它们的耗用一部分是通过折旧方式计入成本，另一部分是通过维修、定额费用、机物料耗用和辅料耗用等方式计入成本。

（2）生产成本审计的重要性。"生产成本"科目是生产企业重要会计核算科目，对生产企业成本核算有着重要的作用。生产成本的核算与计量直接影响着营业成本的准确与完整。

四、审计目标与认定的关系

（1）确定生产成本对应的实物是否存在（存在）。
（2）确定发生的生产成本是否均已入账（完整性）。
（3）确定生产成本计价方法是否合理（准确性、计价和分摊）。
（4）确定单位成本的计量是否准确（准确性、计价和分摊）。
（5）确定生产成本的账面价值是否可以实现（准确性）。

任务 10-5　审计制造费用业务

一、业务了解

制造费用是指企业内的分厂、车间为组织和管理生产所发生的各项费用，包括分厂、车间管理人员工资、折旧费、维修费及其他制造费用（办公费、差旅费、劳保费等）。

二、流程图

制造业务审计流程如图 10-9 所示。

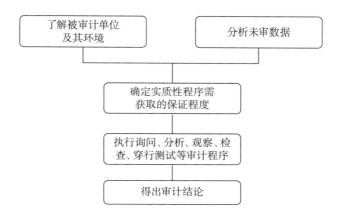

图 10-9　制造业务审计流程

三、知识点

（1）制造费用业务作用及构成。

(2) 制造费用审计的重要性。"制造费用"科目是生产企业重要会计核算科目，同时也是生产成本科目的重要组成部分，对生产企业成本核算有着重要的作用。制造费用的核算与计量直接影响着生产成本的准确与完整。

四、审计目标与认定的关系

(1) 确定制造费用是否真实存在（存在）。
(2) 确定发生的制造费用是否均已入账（完整性）。
(3) 确定制造费用计价方法是否合理（准确性、计价和分摊）。
(4) 确定制造费用的分摊是否准确（准确性、计价和分摊）。
(5) 确定制造费用的账面价值是否可以实现（准确性）。

任务 10-6　审计营业成本业务

一、业务了解

营业成本是指企业所销售商品或者提供劳务的成本。营业成本应当与所销售商品或者所提供劳务而取得的收入进行配比。营业成本又分为主营业务成本和其他业务成本。它们是与主营业务收入和其他业务收入相对应的一组概念。营业成本的审计是指直接材料、直接人工、制造费用、生产成本、主营业务成本的审计。

二、知识点

主营业务成本是指企业销售商品、提供劳务等经营性活动所发生的成本。企业一般在确认销售商品、提供劳务等主营业务收入时，将已销售商品、已提供劳务的成本转入主营业务成本。

实务中通过"主营业务成本"科目核算内容如图 10-10 所示。

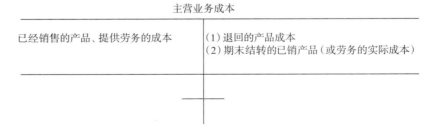

图 10-10　通过"主营业务成本"科目核算内容

其他业务成本核算企业确认的除主营业务活动以外的其他经营活动所发生的支

出，包括销售材料的成本、出租固定资产的折旧额、出租无形资产的摊销额、出租包装物的成本或摊销额等。采用成本模式计量投资性房地产的，其投资性房地产计提的折旧额或摊销额，也构成其他业务成本。

营业成本审计的意义主要在于：确定企业不存在通过成本核算、成本结转调节利润的情况，并对其进行合理保证。

三、流程图

营业成本审计流程如图10-11所示。

	计划实施的实质性程序	索引号	执行人	存在/发生	完整性	准确性	截止	分类	列报和披露
	（一）主营业务成本								
1	获取或编制主营业务成本明细表，复核加计是否正确，并与总账数和明细账合计数核对是否相符，结合其他业务成本科目与营业成本报表数核对是否相符	SB-002		√		√			
2	实施实质性分析程序：(1)考虑可获取信息的来源、可比性、性质和相关性以及与信息编制相关的控制，评价在对记录的金额或比率作出预期时使用数据的可靠性。(2)对已记录的金额作出预期，评价预期值是否足够精确，以识别重大错报。(3)确定已记录金额与预期值之间可接受的、无须做进一步调查的差异额。(4)将已记录金额与期望值进行比较，识别需要进一步调查的差异。(5)调查差异：①询问管理层，针对管理层的答复获取适当的审计证据；②根据具体情况在必要时实施其他审计程序				√				
3	对主营业务成本进行分析：(1)对本期和上期主营业务成本按月度进行比较分析。(2)对本期和上期的主要产品单位成本进行比较分析。对有异常情况的项目做进一步调查	SB-002,SB-003,SB-005							
4	抽取月主营业务成本结转明细清单，比较计入主营业务成本的品种、规格、数量和计入主营业务收入的口径是否一致，是否符合配比原则	SB-004		√	√				
5	对本期发生的主营业务成本，选取样本，检查其支持性文件，确定原始凭证是否齐全、记账凭证与原始凭证是否相符以及账务处理是否正确	SB-009		√		√	√	√	
6	编制生产成本与主营业务成本倒轧表，并与相关科目交叉索引	SB-007		√	√	√			
7	针对主营业务成本中重大调整事项（如销售退回），检查相关原始凭证，评价真实性和合理性，检查其会计处理是否正确	SB-008		√	√	√		√	
8	在采用计划成本、定额成本、标准成本或售价核算存货的条件下，应检查产品成本差异或商品进销差价的计算、分配和会计处理是否正确					√			
9	根据评估的舞弊风险等因素增加的审计程序								
	（二）其他业务成本								
10	获取或编制其他业务成本明细表，复核加计正确，并与总账数和明细账合计数核对相符，结合主营业务成本科目与营业成本报表数核对相符	SB-002		√	√	√			
11	与上期其他业务收入/成本比较，检查是否有重大波动，如有，应查明原因				√				
12	对本期发生的其他业务成本，选取样本，检查其支持性文件，确定原始凭证是否齐全、记账凭证与原始凭证是否相符以及账务处理是否正确			√		√	√	√	
13	根据评估的舞弊风险等因素增加的审计程序								
	（三）列报和披露								
14	检查营业成本是否已按照企业会计准则的规定在财务报表中作出恰当列报和披露								√

图10-11　营业成本审计流程

四、审计目标与认定的关系

（1）确定利润表中记录的营业成本是否已发生，且与被审计单位有关（发生）。

（2）确定所有应当记录的营业成本是否均已记录（完整性）。

(3) 确定与营业成本有关的金额及其他数据是否已恰当记录(准确性)。

(4) 确定营业成本是否已记录于正确的会计期间(截止)。

(5) 确定营业成本是否已记录于恰当的账户(分类)。

(6) 确定营业成本是否已按照企业会计准则的规定,在财务报表中作出恰当的列报和披露(列报)。

即测即练

下篇
资金业务循环审计

项目 11　工薪业务审计

知识目标

1. 了解人力资源与工薪业务审计的主要业务活动。
2. 了解人力资源与工薪业务审计的内部控制。
3. 理解人力资源与工薪业务审计的控制测试。
4. 掌握工薪业务审计的实质性程序。

技能目标

1. 能对人力资源与工薪业务进行控制测试。
2. 能对应付职工薪酬实施实质性程序。
3. 能使用审计软件完成本项目任务。

思政目标

培养学生知法守法的意识，树立学生正确的劳动价值观。

思维导图

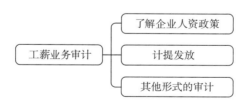

任务 11-1　了解企业人资政策

一、业务了解

人力资源与工薪循环，包括员工雇用和离职、工作时间记录、工薪计算与记录、工薪费用的分配、工薪支付以及代扣代缴税金等。在制造业中，员工工薪影响两个重要的交易类型，即工薪的发放和直接工薪费用与间接工薪费用的分配。与其他循环相比，人力资源与工薪循环的特点更加明显，一是接受员工提供的劳务与向员工支付报酬都在短期内发生，二是交易比相关的资产负债表账户余额更为重要。

人力资源管理是指根据企业发展战略的要求，有计划地对人力资源进行合理配置，通过对企业中员工的招聘、培训、使用、考核、激励、调整等一系列过程，调动员工的积极性，发挥员工的潜能，为企业创造价值，给企业带来效益。确保企业战略目标的实现，是企业的一系列人力资源政策以及相应的管理活动。

应付职工薪酬的计提和发放与单位的工薪人事政策息息相关，所以要实现这一目标，需要审计人员了解被审计单位的工薪人事政策，包括计提依据、计算标准、工时统计、工资支付等，并与应付职工薪酬账面发生以及余额相结合，从而判断其业务发生记录及余额的总体合理性，在分析复核的基础上，根据工薪人事政策测算本期计提数与账面计提数以及核对本期支付数。

二、主要业务活动

批准雇用的文件，应当由负责人力资源与工薪相关事宜的人员编制，最好由在正式雇用过程中负责制定批准雇用和工薪发放与扣除等政策的人力资源部门履行该职责。人力资源部门同时还负责编制员工合同期满的通知。

三、主要凭证与会计记录

（1）人事记录。其包括雇用日期、工薪率、业绩评价、雇佣关系终止等方面的记录。

（2）扣款核准表。其是核准工薪预扣款的表格，包括预先扣除个人所得税。

（3）工薪率核准表。其是根据工薪合同、管理层的授权、董事会对管理层的授权，核准工薪率的一种表格。

四、审计目标与审计要点

（一）审计目标

（1）了解被审计单位关于应付职工薪酬的内控制度。

（2）了解被审计单位的工薪人事政策。

（3）确认应付职工薪酬总体的合理性。

（二）审计要点

（1）查看企业招聘流程。

(2) 查看企业离职/辞退工作流程。

(3) 询问员工培训流程。

(4) 检查企业薪资结构及发放流程。

任务11-2 计提发放

一、业务了解

应付职工薪酬主要是指企业为获得职工提供的服务而给予各种形式的报酬以及其他相关支出。

(1) 职工工资、奖金、津贴和补贴。

(2) 职工福利费。

(3) 医疗保险费、养老保险费、失业保险费、工伤保险费和生育保险费等社会保险费。

(4) 住房公积金。

(5) 工会经费和职工教育经费。

(6) 非货币性福利。这是指企业以自产产品或外购商品发放给职工作为福利，将自己拥有的资产或租赁的资产无偿提供给职工使用、为职工无偿提供医疗保健服务，或者向职工提供企业一定补贴的商品或服务等。

(7) 因解除与职工的劳动关系给予的补偿。

(8) 其他与获得职工提供的服务相关的支出。

二、应付职工薪酬的核算

企业应当通过"应付职工薪酬"科目，核算应付职工薪酬的提取、结算、使用等情况。该科目的贷方登记已分配计入有关成本费用项目的职工薪酬的数额，借方登记实际发放职工薪酬的数额，包括扣还的款项等；该科目期末贷方余额，反映企业应付未付的职工薪酬。"应付职工薪酬"科目应当按照"工资""职工福利""社会保险费""住房公积金""工会经费""职工教育经费""非货币性福利"等应付职工薪酬项目设置明细科目，进行明细核算。

(一) 确认应付职工薪酬的处理

企业应当在职工为其提供服务的会计期间，根据职工提供服务的受益对象，将应确认的职工薪酬（包括货币性薪酬和非货币性福利）计入相关资产成本或当期损益，同时确认为应付职工薪酬。生产部门人员的职工薪酬，计入"生产成本""制造费用""劳务成本"等科目；管理部门人员的职工薪酬，计入"管理费用"科目；销售人员的职工薪酬，计入"销售费用"科目；应由在建工程、研发支出负担的职工薪酬，计入"在建工程""研发支出"等科目；外商投资企业按规定从净利润中提取的职工奖励及福利基金，计入"利润分配——提取的职工奖励及福利基金"科目。

计量应付职工薪酬时，国家规定了计提基础和计提比例的，应按照国家规定的标准计提。国家没有规定计提基础和计提比例的，企业应当根据历史经验数据和实际情况，合理预计当期应付职工薪酬。当期实际发生金额大于预计金额的，应当补提应付职工薪酬；当期实际发生金额小于预计金额的，应当冲回多提的应付职工薪酬。

企业以其自产产品作为非货币性福利发放给职工的，应当根据受益对象，按照该产品的公允价值，计入相关资产成本或当期损益，同时确认应付职工薪酬，借记"管理费用""生产成本""制造费用"等科目，贷记"应付职工薪酬——非货币性福利"科目。将企业拥有的房屋等资产无偿提供给职工使用的，应当根据受益对象，将该住房每期应计提的折旧计入相关资产成本或当期损益，并且同时借记"应付职工薪酬——非货币性福利"科目，贷记"累计折旧"科目。租赁住房等资产供职工无偿使用的，应当根据受益对象，将每期应付的租金计入相关资产成本或当期损益，并确认应付职工薪酬，借记"管理费用""生产成本""制造费用"等科目，贷记"应付职工薪酬——非货币性福利"科目。难以认定受益对象的非货币性福利，直接计入当期损益和应付职工薪酬。

（二）发放职工薪酬的处理

企业按照有关规定向职工支付工资、奖金、津贴等，借记"应付职工薪酬——工资"科目，贷记"银行存款""库存现金"等科目，企业从应付职工薪酬中扣还的各种款项（如代垫的家属药费、个人所得税等），借记"应付职工薪酬"科目，贷记"银行存款""库存现金""其他应收款""应交税费——应交个人所得税"等科目。

企业支付职工福利费、工会经费和职工教育经费用于工会运作与职工培训，或按照国家有关规定缴纳社会保险费或住房公积金时，借记"应付职工薪酬——职工福利"（或工会经费、职工教育经费、社会保险费、住房公积金）科目，贷记"银行存款""库存现金"等科目。

（1）计提工资时。

借：管理费用（生产工人的短期职工薪酬应计入生产成本；如果是生产车间管

理者，计提工资计入制造费用；如果是行政部门管理人员，则是管理费用；如果是销售部门销售人员工资，计入销售费用；若是由在建工程、无形资产负担的短期职工薪酬，计入建造固定资产或无形资产成本；如果是研发人员，计入研发支出）

    贷：应付职工薪酬——工资

（2）计提社保时（企业部分，即企业自己承担的部分）。

  借：管理费用（同上）

    贷：应付职工薪酬——社保

（3）发放工资时。

  借：应付职工薪酬——工资

    贷：应付职工薪酬——社保（注意员工个人部分的社保）

      应交税费——应交个人所得税

      库存现金/银行存款

（4）上交社保时。

  借：应付职工薪酬——社保（注意企业部分和个人部分都全部上交）

    贷：库存现金或者银行存款

（5）上交个人所得税时。

  借：应交税费——应交个人所得税

    贷：银行存款

三、主要业务活动

（一）记录工作时间或产量

员工工作的证据，以工时卡或考勤表的形式产生，通过监督审核和批准程序予以控制。如果支付工薪的依据是产量而不是时间，数量也同样应经过审核和记录，并且与产量记录或销售数据进行核对。

（二）计算工薪总额和扣除

在计算工薪总额和扣除时，需要将每名员工的交易数据，即本工薪期间的工作时间或产量记录，与基准数据进行匹配。在确定相关控制活动已经执行后，应当由一名适当的人员批准工薪的支付，同时由一名适当的人员审核工薪总额和扣除的合理性并批准该金额。

（三）支付工薪总额

利用电子货币转账系统，将工薪支付给员工，有时也会使用现金支出方式。批准工薪支票，通常是工薪计算中不可分割的一部分，包括比较支票总额和工薪总额。有关使用支票支付工薪的职能划分，应该与使用现金支出的职责划分相同。

四、主要凭证与会计记录

（一）工时记录和工薪表

（1）工时卡。工时卡是记录员工每天上下班时间和工时数的书面凭证。对大多数员工来说，工时卡是根据时钟或打卡机自动填列的。

（2）工时单。工时单是记录员工在既定时间内完成工作的书面凭证。通常在员工从事不同岗位的工作或没有固定部门时使用。

（3）工薪交易文件。工薪交易文件是由计算机生成的文件，包括一定期间（如1个月），通过会计系统处理的所有工薪交易。该文件含有输入系统的所有信息和每项交易的信息，如员工的姓名、日期、支付总额和支付净额、各种预扣金额、账户类别。

（4）应付职工薪酬明细账或清单。应付职工薪酬明细账或清单是由工薪交易文件生成的报告，主要包括每项交易的员工的姓名、日期、工薪总额及工薪净额、预扣金额、账户类别等信息。

（5）工薪主文档。工薪主文档是记录每位员工的每一工薪交易和保留已付员工总额的一种计算机文件。记录包括在每个工薪期间的工薪总额、预扣金额、工薪净额、支票号、日期等。

（二）支付工薪记录

支付工薪记录即向员工支付劳务的转账资金。转账资金应等于工薪总额减去税金和其他预扣款。

（三）个人所得税纳税申报表

个人所得税纳税申报表，即向税务部门申报的纳税表。

五、审计目标与审计要点

应付职工薪酬项目核算企业为获得职工提供的服务或解除劳动关系而应给予职工的各种形式的报酬或补偿，包括短期薪酬、离职后福利、辞退福利和其他长期职工福利。应付职工薪酬业务具有项目较多、增减变动较多的特点，审计人员在审计时需要耐心、细致地进行审计。

（一）审计目标

（1）资产负债表中记录的应付职工薪酬是否存在。

（2）所有应当记录的应付职工薪酬是否均已记录，有无遗漏。

（3）记录的应付职工薪酬是否为被审计单位应当履行的现时义务。

（4）应付职工薪酬是否以恰当的金额包括在财务报表中，与之相关的计价调整是否已恰当记录。

（5）应付职工薪酬是否已按照企业会计准则的规定，在财务报表中作出恰当的列报。

（二）审计要点

（1）获取或编制应付职工薪酬明细表，复核加计是否正确，并与报表数、总账数和明细账合计数核对是否相符。

（2）检查工薪、奖金、津贴和补贴。

①计提是否正确，依据是否充分。

②检查分配方法与上年是否一致，并将应付职工薪酬计提数与相关的成本、费用项目核对一致。检查被审计单位是否根据职工提供服务的受益对象，分别视情况进行处理。

③检查发放金额是否正确，代扣款项及其金额是否正确。

（3）检查社会保险费、住房公积金、工会经费和职工教育经费。

检查社会保险费（包括医疗保险、养老保险、失业保险、工伤保险和生育保险）、住房公积金、工会经费和职工教育经费等的计提和支付的会计处理是否正确，依据是否充分。

（4）检查辞退福利。

①对于职工没有选择权的辞退计划，检查按辞退职工数量、辞退补偿标准计提辞退福利负债金额是否正确。

②检查实质性辞退工作在1年内完成，但付款时间超过1年的辞退福利，是否按折现后的金额计量，折现率的选择是否合理。

③检查计提辞退福利负债的会计处理是否正确，是否将计提金额计入当期管理费用。

（5）检查应付职工薪酬的期后付款情况。

检查应付职工薪酬的期后付款情况，并关注在资产负债表日至财务报表批准报出日之间，是否有确凿证据表明需要调整资产负债表日原确认的应付职工薪酬事项。

（6）检查应付职工薪酬是否已按照企业会计准则的规定在财务报表中作出恰当的列报。

①检查是否在附注中披露与职工薪酬有关的信息。

②检查因自愿接受裁减建议的职工数量、补偿标准等不确定而产生的预计负债（应付职工薪酬），是否按照企业会计准则进行披露。

六、人力资源与工薪循环的内部控制

（一）适当的职责分离

人力资源部门应独立于工薪职能，负责确定员工的雇用、解雇及其支付率和扣减额的变化。防止企业向员工过量支付工薪，或向不存在的员工虚假支付工薪。

（二）适当的授权

人力资源部门应当对员工的雇用与解雇负责。支付率和扣减额也应当进行适当授权。每一个员工的工作时间，特别是加班时间，都应经过主管人员的授权。所有工时卡都应表明核准情况，例外的加班时间也应当经过核准。

（三）适当的凭证和记录

适当的凭证和记录依赖于工薪系统的特性。例如，工时卡或工时记录只针对计时工薪，有些员工的工薪以计件工薪为基础。

（四）资产和记录的实物控制

应当限制接触未签字的工薪支票。支票应由有关专职人员签字，工薪应当由独立于工薪和考勤职能之外的人员发放。

（五）工薪的独立检查

工薪的计算应当独立验证，包括将审批工薪总额与汇总报告进行比较。管理层成员或其他负责人应当复核工薪金额，以避免明显的错报和异常的金额。

七、理解人力资源与工薪产生的重大错报风险

由于工薪费用可能具有较高的舞弊固有风险，企业常常广泛采取预防性的控制活动，因此，工薪费用重大错报风险会降低。在这种情况下，注册会计师应当确定控制设计和实施的适当性，以支持评估为中或低的认定层次重大错报风险。注册会计师拟依赖的特别重要的控制，是管理层在实施监控程序时实施的高层次控制。工薪交易和余额的重大错报风险主要是由于以下原因产生的。

（1）在工薪单上虚构员工。

（2）由一位可以更改员工数据主文档的员工在没有授权的情况下更改总工薪的付费标准。

（3）为员工并未工作的工时支付工薪。

（4）在进行工薪处理过程中出错。

（5）工薪扣款可能是不正确的，或未经员工个人授权，导致应付工薪扣款的返还和支付不正确。

（6）由于工薪长期未支付造成挪用现象。

（7）支付应付工薪扣款的金额不正确。

（8）电子货币转账系统的银行账户不正确。

（9）将工薪支付给错误的员工。

任务 11-3 其他形式的审计

一、业务了解

非货币性福利是指企业以非货币性资产支付给职工的薪酬，主要包括企业以自产产品发放给职工作为福利、将自己拥有的资产无偿提供给职工使用、为职工无偿提供医疗保健服务等。为了反映非货币性福利的支付与分配情况，应在"应付职工薪酬"科目下设置"非货币性福利"明细科目。

以现金结算的股份支付，是指企业因获取服务或商品，承担以股份或其他权益工具为基础计算确定交付现金或其他资产义务的交易。

（一）以非货币性福利发放职工薪酬

企业以自产产品作为职工薪酬发放给职工时，应确认主营业务收入，借记"应付职工薪酬——非货币性福利"科目，贷记"主营业务收入"科目，同时结转相关成本，涉及增值税销项税额的，还应进行相应的处理。企业支付租赁住房等资产供职工无偿使用所发生的租金，借记"应付职工薪酬——非货币性福利"科目，贷记"银行存款"等科目。

（二）以现金与职工结算的股份支付

企业以现金与职工结算的股份支付，授予后当即可行权的以现金结算的股份支付，应该在授予日以企业承担负债的公允价值，一方面计入相关成本或费用；另一方面增加相关负债，借记"销售费用""制造费用"等科目，贷记"应付职工薪酬——股份支付"科目。

完成等待期内的服务或达到规定业绩条件以后才可行权的以现金结算的股份支付，在等待期内的每个资产负债表日，应当以对可行权情况的最佳估计为基础，按照企业承担负债的公允价值金额,将当期取得的服务计入成本或费用和相应的负债。

企业在可行权日之后,不再确认成本费用,公允价值的变动应当计入当期损益(公允价值变动损益)。借记"公允价值变动损益"科目,贷记"应付职工薪酬——股份支付"科目。

在行权时,按照所支付的现金,借记"应付职工薪酬——股份支付"科目,贷记"银行存款"科目。

对于非货币性福利、以现金与职工结算的股份支付在实际工作中应用相对较少。

二、审计目标与审计要点

(一)审计目标

(1)审查非货币福利的提取与发放是否合规。

(2)审查以现金与职工结算的股份支付是否合规。

(二)审计要点

(1)检查非货币性福利。

步骤一:检查以自产产品发放给职工的非货币性福利,是否根据受益对象,按照产品的公允价值,计入相关资产成本或当期损益,同时确认应付职工薪酬;对于难以认定的非货币性福利,是否直接计入当期损益和应付职工薪酬。

步骤二:检查无偿向职工提供住房的非货币性福利,是否根据受益对象,将该住房每期应计提的折旧计入相关资产成本或当期损益,同时确认应付职工薪酬;对于难以认定的非货币性福利,是否直接计入当期损益和应付职工薪酬。

步骤三:检查以租赁住房等资产供职工无偿使用的非货币性福利,是否根据受益对象,将每期应付的租金计入相关资产成本或当期损益,同时确认应付职工薪酬;对于难以认定的非货币性福利,是否直接计入当期损益和应付职工薪酬。

(2)检查以现金与职工结算的股份支付。

步骤一:检查授予后立即可行权的以现金结算的股份支付,是否在授予日以承担负债的公允价值计入相关成本或费用。

步骤二:检查完成等待期内的服务或达到规定业绩条件以后才可行权的以现金结算的股份支付,在等待期的每个资产负债表日,是否以可行权情况的最佳估计为基础,按照承担负债的公允价值金额,对当期取得的服务与以前估计不同的,是否进行调整,并在可行权日调整至实际可行权水平。

步骤三:检查可行权日之后,以现金结算的股份支付当期公允价值的变动金额是否计入公允价值变动损益。

步骤四：检查在可行权日，实际以现金结算的股份支付金额是否正确，会计处理是否恰当。

即测即练

项目 12　货币资金审计

知识目标

1. 明确货币资金审计与交易循环审计的关系。
2. 了解货币资金的内部控制并对其进行测试。
3. 明确库存现金的审计目标，掌握对其实施的实质性程序。
4. 明确银行存款的审计目标，掌握对其实施的实质性程序。

技能目标

1. 能对货币资金的内部控制进行测试。
2. 会确定库存现金的审计目标，能对库存现金实施实质性程序。
3. 会确定银行存款的审计目标，能对银行存款实施实质性程序。

思政目标

培养学生诚信为本、操守为重、严于律己的品德。

思维导图

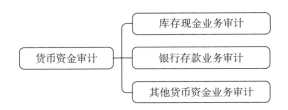

任务 12-1　库存现金业务审计

一、业务了解

货币资金是企业资产的重要组成部分，是企业资产中流动性最强的一种资产。任何企业进行生产经营活动都必须拥有一定数额的货币资金，持有货币资金是企业生产经营活动的基本条件，可能关乎企业的命脉。货币资金主要来源于股东投入、债权人借款和企业经营累积，主要用于资产的取得和费用的结付。总的来说，只有保持健康的、正的现金流，企业才能够继续生存；如果出现现金流逆转迹象，产生了不健康的、负的现金流，长此以往，企业将会陷入财务困境，并影响企业的持续经营能力。根据货币资金存放地点及用途的不同，货币资金分为库存现金、银行存款及其他货币资金。

库存现金是指存放于企业财会部门、由出纳人员经管的货币，包括人民币现金和外币现金。库存现金是企业流动性最强的资产，企业应当严格遵守国家有关现金管理制度，正确进行现金收支的核算，监督现金使用的合法性与合理性。

企业现金的收入、支出和保管都应由出纳员或指定的专门人员负责办理。企业的一切现金收支，都必须取得或填制原始凭证，作为收付款项的书面证明。

二、主要业务活动

（1）出纳员每日对库存现金进行盘点，编制现金日报表，计算当日现金收入、支出及结余额，并将结余额与实际库存额核对，如有差异，及时查明原因。

（2）会计主管不定期检查现金日报表。

（3）每月末，会计主管指定出纳员以外的人员对现金进行盘点，编制库存现金盘点表，将盘点金额与现金日记账余额进行核对。

（4）会计主管复核库存现金盘点表，如果盘点金额与现金日记账余额存在差异，需查明原因并报经财务经理批准后进行财务处理。

三、主要凭证和会计记录

（1）库存现金盘点表。

（2）银行对账单。

（3）银行存款余额调节表。

（4）有关科目的记账凭证。

(5) 有关会计账簿。

四、货币资金的内部控制

内部控制要点：由于货币资金是企业流动性最强的资产，企业必须加强对货币资金的管理，建立良好的货币资金内部控制制度，以确保应收取的货币资金均收取，并及时、正确地予以记录；全部货币资金支出是按照经批准的用途进行的，并及时正确地予以记录；库存现金、银行存款报告正确，并得以恰当保管；正确预测企业正常经营所需的货币资金收支额，确保企业有充足又不过剩的货币资金余额。

在实务中，库存现金、银行存款和其他货币资金的转换比较频繁，三者的内部控制目标、内部控制制度的制定与实施大致相似，因此，先统一对货币资金的内部控制做一个概述，各自内部控制的特点以及控制测试将在后面分述。

（一）岗位分工及授权批准

（1）企业应当建立货币资金业务的岗位责任制，明确相关部门和岗位的职责权限，确保办理货币资金业务的不相容岗位相互分离、制约和监督。出纳员不得兼任稽核、会计档案保管和收入、支出、费用、债权债务账目的登记工作。企业不得由一人办理货币资金业务的全过程。

（2）企业应当对货币资金业务建立严格的授权审批制度，明确审批人对货币资金业务的授权批准方式、权限、程序、责任和相关控制措施，规定经办人办理货币资金业务的职责范围和工作要求。审批人应当根据货币资金授权审批制度的规定，在授权范围内进行审批，不得超越审批权限。经办人应当在职责范围内，按照审批人的批准意见办理货币资金业务。对于审批人超越授权范围审批的货币资金业务，经办人员有权拒绝办理，并及时向审批人的上级授权部门报告。

（3）企业应当按照规定的程序办理货币资金支付业务。

①支付申请。企业有关部门或个人用款时，应当提前向审批人提交货币资金支付申请，注明款项的用途、金额、预算、支付方式等内容，并附有效经济合同或相关证明。

②支付审批。审批人根据其职责、权限和相应程序对支付申请进行审批，审核付款业务的真实性、付款金额的准确性，以及申请人提交票据或者证明的合法性，严格监督资金支付。对不符合规定的货币资金支付申请，审批人应当拒绝批准。

③支付复核。财务部门收到经审批人审批签字的相关凭证或证明后，应再次复核业务的真实性、金额的准确性、相关票据的齐备性，以及相关手续的合法性和完

整性，并签字认可。复核无误后，交由出纳员办理支付手续。

④办理支付。出纳员应当根据复核无误的支付申请，按规定办理货币资金支付手续，及时登记库存现金和银行存款日记账。

（4）企业对于重要货币资金支付业务，应当集体决策和审批，并建立责任追究制度，防范贪污、侵占、挪用货币资金等行为。

（5）严禁未经授权的机构或人员办理货币资金业务或直接接触货币资金。

（二）现金和银行存款的管理

（1）企业应当加强现金库存限额的管理，超过库存限额的现金应及时存入银行。

（2）企业必须根据有关规定，结合本企业的实际情况，确定本企业现金的开支范围。不属于现金开支范围的业务应当通过银行办理转账结算。

（3）企业现金收入应当及时存入银行，不得从企业的现金收入中直接支付（即坐支）。因特殊情况需坐支现金的，应事先报经开户银行审查批准，由开户银行核定坐支范围和限额。

企业借出款项必须执行严格的授权批准程序，严禁擅自挪用、借出货币资金。

（4）企业取得的货币资金收入必须及时入账，不得私设"小金库"，不得账外设账，严禁收款不入账。

（5）企业应当严格按照《支付结算办法》等国家有关规定，加强银行账户的管理，严格按照规定开立账户，办理存款、取款和结算。银行账户的开立应当符合企业经营管理实际需要，不得随意开立多个账户，禁止企业内设管理部门自行开立银行账户。

企业应当定期检查、清理银行账户的开立及使用情况，发现问题应及时处理。企业应当加强对银行结算凭证的填制、传递及保管等环节的管理与控制。

（6）企业应当严格遵守银行结算纪律，不准签发没有资金保证的票据或远期支票，套取银行信用；不准签发、取得和转让没有真实交易和债权债务的票据，套取银行和他人资金；不准违反规定开立和使用银行账户。

（7）企业应当指定专人定期核对银行账户（每月至少核对一次），编制银行存款余额调节表，使银行存款账面余额与银行对账单调节相符。如调节不符，应查明原因，及时处理。

出纳员一般不得同时从事银行对账单的获取、银行存款余额调节表的编制工作。确需出纳人员办理上述工作的，应当指定其他人员定期进行审核、监督。

实行网上交易、电子支付等方式办理资金支付业务的企业，应当与承办银行签订网上银行操作协议，明确双方在资金安全方面的责任与义务、交易范围等。操作人员应当根据操作授权和密码进行规范操作。使用网上交易、电子支付方式的企业办理资金支付业务，不应因支付方式的改变而随意简化、变更所必需的授权审批程序。企业在严格实行网上交易、电子支付操作人员不相容岗位相互分离控制的同时，应当配备专人加强对交易和支付行为的审核。

（8）企业应当定期和不定期地进行现金盘点，确保现金账面余额与实际库存相符。发现不符，及时查明原因并作出处理。

（三）票据及有关印章的管理

（1）企业应当加强与货币资金相关的票据的管理，明确各种票据的购买、保管、领用、背书转让、注销等环节的职责权限和程序，并专设登记簿进行记录，防止空白票据的遗失和被盗用。

企业因填写、开具失误或者其他原因导致作废的法定票据，应当按规定予以保存，不得随意处置或销毁。对超过法定保管期限、可以销毁的票据，在履行审核手续后进行销毁，但应当建立销毁清册并由授权人员监销。

（2）企业应当加强银行预留印鉴的管理，财务专用章应由专人保管，个人名章必须由本人或其授权人员保管，严禁一人保管支付款项所需的全部印章。

按规定需要有关负责人签字或盖章的经济业务，必须严格履行签字或盖章手续。

（四）监督检查

（1）企业应当建立对货币资金业务的监督检查制度，明确监督检查机构或人员的职责权限，定期和不定期地进行检查。

（2）执行货币资金监督检查。

（3）对监督检查过程中发现的货币资金内部控制中的薄弱环节，应当及时采取措施，加以纠正和完善。

货币资金监督检查的主要内容包括以下几方面。

①岗位及人员的设置情况。重点检查不相容职务混岗的现象。

②授权批准制度的执行情况。重点检查货币资金支出的授权批准手续是否健全，是否存在越权审批行为。

③支付款项印章的保管情况。重点检查是否存在办理付款业务所需的全部印章交由一人保管的现象。

④票据的保管情况。重点检查票据的购买、领用、保管手续是否健全，票据保管是否存在漏洞。

五、审计目标与认定的关系

（1）确定被审计单位资产负债表的货币资金项目中的库存现金在资产负债表日是否确实存在（存在）。

（2）确定被审计单位所有应当记录的现金收支业务是否均已记录完毕，有无遗漏（完整性）。

（3）确定记录的库存现金是否为被审计单位所拥有或控制（权利和义务）。

（4）确定库存现金是否以恰当的金额包括在财务报表的货币资金项目中，与之相关的计价调整是否已恰当记录（准确性、计价和分摊）。

（5）确定库存现金是否已按照企业会计准则的规定，在财务报表中作出恰当的列报（列报）。

六、库存现金的控制测试程序

（一）现金付款的审批与复核

被审计单位针对现金付款审批作出以下内部控制要求。

（1）部门经理审批本部门的付款申请，审核付款业务是否真实发生、付款金额是否准确，以及后附票据是否齐备，并在复核无误后签字认可。

（2）财务部门在安排付款前，财务经理再次复核经审批的付款申请及后附相关凭据或证明，如核对一致，进行签字认可并安排付款。

针对上述内部控制，注册会计师可以在选取适当样本的基础上实施以下控制测试程序。

①询问相关业务部门的部门经理和财务经理在日常现金付款业务中执行的内部控制，以确定其是否与被审计单位内部控制政策要求保持一致。

②观察财务经理复核付款申请的过程，是否核对了付款申请的用途、金额及后附相关凭据，以及在核对无误后是否进行了签字确认。

③重新核对经审批及复核的付款申请及其相关凭据，并检查是否经签字确认。

（二）现金盘点

（1）会计主管指定应付账款会计每月的最后一天对库存现金进行盘点，根据盘点结果编制库存现金盘点表，将盘点余额与现金日记账余额进行核对，并对差异调节项进行说明。

（2）会计主管复核库存现金盘点表，如盘点金额与现金日记账余额存在差异且差异金额超过两万元，需查明原因并报财务经理批准后进行财务处理。

智能审计实务

针对上述内部控制，注册会计师可以在选取适当样本的基础上实施以下控制测试程序。

①在月末参与被审计单位的现金盘点，检查是否由应付账款会计进行现金盘点。

②观察现金盘点程序是否按照盘点计划的指令和程序执行，是否编制了库存现金盘点表并根据内部控制要求经财务部相关人员签字复核。

③检查库存现金盘点表中记录的现金盘点余额是否与实际盘点金额保持一致、库存现金盘点表中记录的现金日记账余额是否与被审计单位现金日记账的余额一致。

④针对调节差异金额超过两万元的调节项，检查是否经财务经理批准后进行财务处理。

七、库存现金的实质性程序

（一）核对库存现金日记账与总账的余额是否相符

应核对库存现金日记账与总账的余额是否相符，检查非记账本位币库存现金的折算汇率及折算金额是否正确。

测试库存现金余额的起点，是核对库存现金日记账与总账的余额是否相符。如果不相符，应查明原因，必要时应建议作出适当调整。

（二）监盘库存现金

监盘库存现金是证实资产负债表中"货币资金"项目下所列库存现金是否存在的一项重要审计程序。

企业盘点库存现金，通常包括对已收到但未存入银行的现金、零用金、找换金等的盘点。盘点库存现金的时间和人员应视被审计单位的具体情况而定，但必须有出纳员和被审计单位会计主管人员参加，并由注册会计师进行监盘。监盘库存现金的步骤和方法主要有以下几个。

（1）查看被审计单位制定的盘点规则，以确定监盘时间。对库存现金的监盘最好实施突击性的检查，时间最好选择在上午上班前或下午下班时，监盘的范围一般包括企业各部门存放的现金。如企业现金存放部门有两处或两处以上者，应同时进行监盘。

（2）审阅库存现金日记账并与现金收付凭证相核对。一方面检查日记账的记录与凭证的内容和金额是否相符，另一方面了解凭证日期与日记账日期是否相符或接近。

（3）检查被审计单位现金实有数，并将该监盘金额与库存现金日记账余额进行核对，如有差异，应要求被审计单位查明原因，必要时应提请被审计单位作出调整；

如无法查明原因，应要求被审计单位按管理权限批准后作出调整。若有冲抵库存现金的借条、未提现支票、未做报销的原始凭证，应在"库存现金监盘表"中注明，必要时应提请被审计单位作出调整。

（4）在非资产负债表日进行监盘时，应将监盘金额调整至资产负债表日的金额，并对变动情况实施审计程序。

（三）抽查大额库存现金收支

检查大额现金收支的原始凭证是否齐全、原始凭证内容是否完整、有无授权批准、记账凭证与原始凭证是否相符、账务处理是否正确、是否记录于恰当的会计期间等项内容。

（四）检查库存现金是否在资产负债表中作出恰当列报

根据有关规定，企业的库存现金在资产负债表的"货币资金"项目中反映，所以，注册会计师应在实施上述审计程序后，确定"库存现金"账户的期末余额是否恰当，进而确定库存现金是否在资产负债表中恰当披露。

任务12-2　银行存款业务审计

一、业务了解

银行存款是储存在银行类金融机构的款项，它是货币资金的组成部分。根据我国现金管理制度的规定，每一家企业都必须在商业银行或专业金融机构开立存款户，办理存款、取款和转账结算，企业的货币资金，除了在规定限额以内，可以保存少量的现金外，都必须存入银行，企业的银行存款主要包括结算户存款、信用证存款、外埠存款等。

银行存款的收支业务由出纳员负责办理。每笔银行存款收入和支出业务，都须根据审核无误的原始凭证编制记账凭证。

银行存款账户分为基本存款账户、一般存款账户、临时存款账户和专用存款账户。基本存款账户是指企业办理日常转账结算和现金收付的账户；一般存款账户是指企业在基本存款账户以外的银行借款转存、与基本存款账户的企业不在同一地点的附属非独立核算单位开立的账户，本账户可以办理转账结算和现金缴存，但不能提取现金；临时存款账户是指企业因临时生产经营活动的需要而开立的账户，本账户既可以办理转账结算，又可以根据现金管理规定存取现金；专用存款账户是指企业因特定用途需要所开立的账户。

基本存款账户的开立须报当地人民银行审批并核发开户许可证，许可证正本由存款单位留存，副本交开户行留存。企事业单位只能选择一家商业银行的一个营业机构开立一个基本存款账户。企业只能在一家银行的几个分支机构开立一般存款账户。企业的银行存款账户只能用来办理本单位的生产经营业务活动的结算，不得出租和出借。

二、流程图

银行账户管理及银行余额管理流程如图12-1所示。

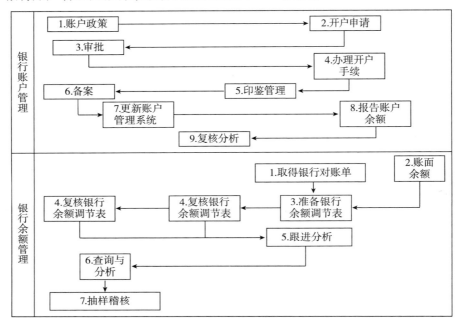

图12-1　银行账户管理及银行余额管理流程

三、审计目标与审计步骤

（一）审计目标

（1）确定被审计单位资产负债表的货币资金项目中的银行存款在资产负债表日是否确实存在。

（2）确定被审计单位所有应当记录的银行存款收支业务是否均已记录完毕，有无遗漏。

（3）确定记录的银行存款是否为被审计单位所拥有或控制。

（4）确定银行存款是否以恰当的金额包括在财务报表的货币资金项目中，与之相关的计价调整是否已恰当记录。

（5）确定银行存款是否已按照企业会计准则的规定，在财务报表中做恰当的列报。

（二）审计步骤

（1）获取或编制银行存款余额明细表。
（2）计算银行存款累计余额应收利息收入。
（3）检查银行存单，编制银行存单检查表。
（4）获取并检查银行存款余额调节表。
（5）实施函证程序。
（6）检查银行存款账户存款人权属。
（7）关注是否存在质押、冻结等对变现有限制或存在境外的款项。
（8）抽查大额银行存款收支的原始凭证。
（9）检查银行存款收支的截止是否正确。

四、银行存款管理

企业的银行账户开立、变更或注销须经财务经理审核，报总经理审批。

每月末，会计主管指定出纳员以外的人员核对银行存款日记账和银行对账单，编制银行存款余额调节表，使银行存款账面余额与银行对账单调节相符。如调节不符，查明原因。会计主管复核银行存款余额调节表，对需要进行调整的调节项目及时进行处理。

五、银行存款的控制测试程序

（一）银行账户的开立、变更和注销

被审计单位针对银行账户的开立、变更和注销作出了以下内部控制的要求：会计主管根据被审计单位的实际业务需要就银行账户的开立、变更和注销提出申请，经财务经理审核后报总经理审批。

针对上述内部控制，注册会计师可以实施以下控制测试程序。

（1）询问会计主管被审计单位本年度开户、变更、撤销的整体情况。

（2）取得本年度账户开立、变更、撤销申请项目清单，检查清单的完整性，并在选取适当样本的基础上检查账户的开立、变更、撤销项目是否已经财务经理和总经理审批。

（二）银行存款的审批和复核

被审计单位针对银行存款审批作出了以下内部控制的要求：部门经理审批本部

门的付款申请，审核付款业务是否真实发生、付款金额是否准确，以及后附票据是否齐全，并在复核无误后签字认可。财务部门在安排付款前，财务经理再次复核经审批的付款申请及后附相关凭据或证明，如核对一致，进行签字认可并安排付款。

针对上述内部控制，注册会计师可以在选取适当样本的基础上实施以下控制测试程序。

（1）询问相关业务部门的部门经理和财务经理在日常银行付款业务中执行的内部控制，以确定其是否与被审计单位内部控制政策要求保持一致。

（2）观察财务经理复核付款申请的过程，是否核对了付款申请的用途、金额及后附相关凭据，以及在核对无误后是否进行了签字确认。

（3）重新核对经审批及复核的付款申请及其相关凭据，并检查是否经签字确认。

（三）编制银行存款余额调节表

被审计单位为保证银行存款余额的存在性、完整性和准确性，作出了以下内部控制的要求：每月末，会计主管指定应收账款会计核对银行存款日记账和银行对账单，编制银行存款余额调节表，使银行存款账面余额与银行对账单调节相符。如存在差异项，查明原因并进行差异调节说明。会计主管复核银行存款余额调节表，对需要进行调整的调节项目及时进行处理，并签字认可。

针对上述内部控制，注册会计师可以实施以下控制测试程序。

（1）询问应收账款会计和会计主管，以确定其执行的内部控制是否与被审计单位内部控制政策要求保持一致，特别是针对未达账项的编制及审批流程。

（2）针对选取的样本，检查银行存款余额调节表，查看调节表中记录的企业银行存款日记账余额是否与银行存款日记账余额保持一致，调节表中记录的银行对账单余额是否与被审计单位提供的银行对账单中的余额保持一致。

（3）针对调节项目，检查是否经会计主管签字复核。

（4）针对大额未达账项进行期后收付款的检查。

六、银行存款的实质性程序

（1）获取或编制银行存款明细表。应获取或编制银行存款明细表，复核加计是否正确，并与总账数和日记账合计数核对是否相符；检查非记账本位币银行存款的折算汇率及折算金额是否正确。

（2）实施实质性分析程序。计算银行存款累计余额应收利息收入，分析比较被审计单位银行存款应收利息收入与实际利息收入的差异是否恰当，评估利息收入的合理性，检查是否存在高息资金拆借，确认银行存款余额是否存在，利息收入是否已经完整记录。

（3）检查银行存款账户发生额。对银行存款账户的发生额进行审计，通常能够有效应对被审计单位编制虚假财务报表、管理层或员工非法侵占货币资金等舞弊风险。除实施其他审计程序外，注册会计师还应对银行存款账户的发生额实施以下程序：①分析发生漏记银行交易的可能性，获取相关期间的全部银行对账单。②如果对被审计单位从银行取得的对账单的真实性存在疑虑，注册会计师可以在被审计单位的协助下亲自到银行获取银行对账单，注册会计师要全程关注银行对账单的打印过程。③选取银行对账单中记录的交易与被审计单位银行存款日记账的记录进行核对；从被审计单位银行存款日记账上选取样本，核对至银行对账单。④浏览银行对账单，选取大额异常交易，如银行对账单上有一收一付相同金额，或分次转出相同金额等，检查被审计单位银行存款日记账上有无该项收付金额记录。

（4）取得并检查银行对账单和银行存款余额调节表。

检查银行对账单和银行存款余额调节表是证实资产负债表中所列银行存款是否存在的重要程序。①取得并检查银行对账单。将被审计单位资产负债表日的银行对账单与银行询证函核对，确认是否一致。②取得并检查银行存款余额调节表。

（5）函证银行存款余额。通过向往来银行函证，不仅可以了解被审计单位资产的存在情况，而且还可以了解被审计单位所欠银行的债务，发现被审计单位未登记的银行负债，以及被审计单位应披露的或有负债等。

（6）检查银行存款账户存款人是否为被审计单位。若存款人为非被审计单位，应获取该账户户主和被审计单位的书面证明，确认资产负债表日是否需要提请被审计单位进行调整。

（7）关注是否存在质押、冻结等对变现有限制或存放在境外的款项。如果存在，应提请被审计单位做必要的调整和披露。

（8）列明不符合现金及现金等价物条件的银行存款。对不符合现金及现金等价物条件的银行存款在审计工作底稿中予以列明，以考虑对现金流量表的影响。

（9）抽查大额银行存款收支的原始凭证。检查原始凭证是否齐全、记账凭证与原始凭证是否相符、账务处理是否正确、是否记录于恰当的会计期间等项内容。检查是否存在非营业目的的大额货币资金转移，并核对相关账户的进账情况；如有与被审计单位生产经营无关的收支事项，应查明原因并做相应的记录。

（10）检查银行存款收支的截止是否正确。选取资产负债表日前后若干张、一定金额以上的凭证实施截止测试，关注业务内容及对应项目，如有跨期收支事项，应考虑是否提请被审计单位进行调整。

（11）检查银行存款是否在资产负债表中作出恰当列报。

任务 12-3　其他货币资金业务审计

一、业务了解

其他货币资金是指企业除库存现金、银行存款以外的其他各种货币资金，包括外埠存款、银行汇票存款、银行本票存款、信用卡存款、信用证保证金存款以及存出投资款、第三方支付平台款项等。

（1）外埠存款是企业到外地进行临时零星采购时，汇往采购地银行开立采购专户的款项。

（2）银行汇票存款是企业为取得银行汇票按照规定存入银行的款项。

（3）银行本票存款是企业为取得银行本票按照规定存入银行的款项。

（4）信用卡存款是企业为取得信用卡按照规定存入银行的款项。

（5）信用证保证金存款是企业存入银行作为信用证保证金专户的款项。

（6）存出投资款是指企业已经存入证券企业但尚未进行投资的货币资金。

（7）第三方支付平台款项是指企业在第三方支付平台账户中的款项。

二、流程图

其他货币资金业务审计流程同银行账户管理及银行余额管理流程。

三、审计目标与审计步骤

（一）审计目标

（1）确定被审计单位资产负债表的货币资金项目中的其他货币资金在资产负债表日是否确实存在。

（2）确定被审计单位所有应当记录的其他货币资金收支业务是否均已记录完毕，有无遗漏。

（3）确定记录的其他货币资金是否为被审计单位所拥有或控制。

（4）确定其他货币资金是否以恰当的金额包括在财务报表的货币资金项目中，与之相关的计价调整是否已恰当记录。

（5）确定其他货币资金是否已按照企业会计准则的规定，在财务报表中作出恰当的列报。

（二）审计步骤

（1）获取或编制其他货币资金明细表。

（2）获取信用卡对账单及余额调节表，并与日记账核对。

（3）函证信用卡、外埠存款户、银行汇票存款户、银行本票存款户、信用证保证金、存出投资款期末余额。

（4）检查所有其他货币存款账户权属。

（5）检查期末余额中有无较长时间未结清的款项。对于存在损失的，应转入其他应收款并计提坏账准备。

（6）抽取原始凭证进行截止测试。

（7）检查其他货币资金的列报和披露是否恰当。

即测即练

项目 13　投资与筹资业务循环审计

知识目标

1. 了解筹资与投资循环中的主要业务活动。
2. 掌握筹资与投资循环的内部控制。
3. 掌握筹资与投资循环的控制测试。
4. 明确短期借款、长期借款、实收资本（股本）和长期股权投资的审计目标。
5. 掌握短期借款、长期借款、实收资本（股本）和长期股权投资实质性程序。

技能目标

1. 能对筹资与循环投资进行控制测试。
2. 会确定短期借款的审计目标，能对短期借款实施实质性程序。
3. 会确定长期借款的审计目标，能对长期借款实施实质性程序。
4. 会确定实收资本（股本）的审计目标，能对实收资本（股本）实施实质性程序。
5. 会确定长期股权投资的审计目标，能对长期股权投资实施实质性程序。

思政目标

培养学生忠于职守、克己奉公、服务人民的思想。

思维导图

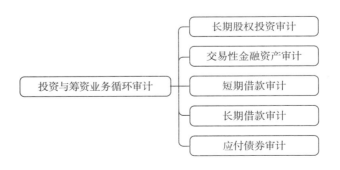

任务 13-1　长期股权投资审计

本任务对投资所涉及的业务活动、内部控制及测试进行了介绍，投资科目审计方式具有相似性，后面学习任务不再重复。

一、业务了解

长期股权投资，是指投资方对被投资单位实施控制、重大影响的权益性投资，以及对其合营企业的权益性投资。

长期股权投资包括以下几方面。

（1）投资企业能够对被投资单位实施控制的权益性投资，即对子企业投资。

（2）投资企业与其他合营方对被投资单位实施共同控制的权益性投资，即对合营企业投资。

（3）投资企业对被投资单位具有重大影响的权益性投资，即对联营企业投资。

重大影响指对一个企业的财务和经营政策有参与决策的权利，但并不能够控制或者与其他方一起控制这些政策的制定。

二、投资循环的经济业务

（一）审批授权

企业投资业务应由企业的高层管理机构进行审批。

（二）取得证券或其他投资

企业可以通过购买股票或债券进行投资，也可以通过与其他单位联营形成投资。

（三）取得投资收益

企业可以取得股权投资的股利收入、债券投资的利息收入和其他投资收益。

（四）转让证券或收回其他投资

企业可以通过转让证券实现投资的收回；其他投资一经投出，除联营合同期满，或由于其他特殊原因联营企业解散外，一般不得抽回投资。

三、投资循环的内部控制

（一）合理的职责分工

这是指合法的投资业务，应在业务的授权、业务的执行、业务的会计记录以及投资资产的保管等方面都有明确的分工，不得由一人同时负责上述任何两项工作。

比如，投资业务在企业高层管理机构核准后，可由高层负责人员授权签批，由财务经理办理具体的股票或债券的买卖业务，由会计部门负责进行会计记录和财务处理，并由专人保管股票或债券。这种合理的分工所形成的相互牵制机制有利于避免或降低投资业务中发生错误或舞弊的可能性。

（二）健全的资产保管制度

企业对投资资产（指股票和债券资产）一般有两种保管方式：一种是由独立的专门机构保管，如在企业拥有较大的投资资产的情况下，委托银行、证券企业、信托投资企业等机构进行保管。这些机构拥有专门的保存和防护措施，可以防止各种证券及单据的失窃或毁损。并且由于其与投资业务的会计记录工作完全分离，可以大大降低舞弊的可能性。另一种是由企业自行保管。在这种方式下，必须建立严格的内部控制制度，即至少要由两名人员共同控制，不得一人单独接触证券。对于任何证券的存入或取出，都要将债券名称、数量、价值及存取的日期、数量等详细记录于证券登记簿内，并由所有在场的经手人员签名。

（三）详尽的会计核算制度

企业的投资资产无论是自行保管还是由他人保管，都要进行完整的会计记录，并对其增减变动及投资收益进行相关会计核算。具体而言，应对每一种股票或债券分别设立明细分类账，并详细记录其名称、面值、证书编号、数量、取得日期、经纪人（证券商）名称、购入成本、收取的股息或利息等；对于联营投资类的其他投资，也应设置明细分类账，核算其他投资的投出及其投资收益和投资收回等业务，并对投资的形式（如流动资产、固定资产、无形资产等）、投向（即接受投资单位）、投资的计价以及投资收益等作出详细的记录。

（四）严格的记名登记制度

除无记名证券外，企业在购入股票或债券时应在购入的当日尽快登记于企业名下，不要登记于经办人员名下。

（五）完善的定期盘点制度

对于企业所拥有的投资资产，应由内部审计人员或不参与投资业务的其他人员进行定期盘点，检查是否确为企业所拥有或控制，并将盘点记录与账面记录相互核对以确认账实一致。

四、投资循环的控制测试

（一）初步了解投资活动内部控制的建立情况

审计人员一般可采用问卷调查形式，了解企业是否存在投资内部控制，弄清其内容，并作出适当记录，以便进行正常测试。一般而言，应了解的内容包括：①投资项目是否经授权批准，投资金额是否及时入账；②企业是否与被投资单位签订投资合同、协议，是否获得被投资单位出具的投资证明；③企业投资的核算方法是否符合有关财务会计制度的规定，相关的投资收益会计处理是否正确，手续是否齐全；④企业有价证券的买卖是否经恰当授权，是否妥善保管并定期盘点核对。

（二）检查控制执行留下的轨迹

审计人员可以从各类投资业务的明细账中抽取部分会计分录，按原始凭证到明细账、总账的顺序核对有关数据和相关资料，判断其会计处理过程是否合规、完整，并据以核实上述了解到的有关内部控制是否得到了有效执行。其具体包括以下几点。

（1）记录的投资交易是否均为真实发生的交易。常用的控制测试是索取投资授权批准文件，检查审批手续是否齐全。

（2）所有应记录的投资交易均已记录。常用的控制测试是询问投资业务的职责分工情况及内部对账情况；检查被审计单位是否定期与交易对方或被投资方核对账目。

（3）所有投资交易均以恰当金额计入恰当的期间。常用的控制测试是检查被审计单位是否定期与被投资方核对账目；检查会计主管复核印记。

（4）所有投资交易均已计入恰当的账户。常用的控制测试是询问会计科目表的使用情况；检查会计主管复核印记。

（三）审阅内部盘点报告

注册会计师应审阅内部审计人员或其他授权人员提交的对投资资产的定期盘核的报告。注意其盘点方法是否恰当，账实不符的差异处理是否合规。如果各期盘核报告的结果未发现账实之间存在差异或差异不大，说明企业投资资产的内部控制得到了有效执行。

（四）认真分析企业投资业务管理报告

对于企业的长期投资，审计人员应对照有关投资方面的文件和凭据，分析企业的投资业务管理报告。在作出长期投资决策之前，企业最高管理阶层（如董事会）需要对投资进行可行性研究和论证，并形成一定的纪要。投资业务一经执行，又会形成一系列的投资凭据或文件，如证券投资的各类证券，联营投资中的投资协议、合同及章程等。负责投资业务的财务经理须定期向企业最高管理层报告有关投资业务的开展情况（包括投资业务内容和投资收益实现情况及未来发展预测），即提交投资业务管理报告书，供最高管理层投资决策和控制。审计人员应认真分析这些投资管理报告的具体内容，并对照前述的有关文件和凭据资料，判断企业长期投资业务的管理情况。

五、长期股权投资的审计目标与审计要点

（一）长期股权投资的审计目标

（1）资产负债表中记录的长期股权投资是存在的。

（2）所有应当记录的长期股权投资均已记录。

（3）记录的长期股权投资由被审计单位拥有或控制。

（4）长期股权投资以恰当的金额包括在财务报表中，与之相关的计价调整已恰当记录。

（5）长期股权投资已按照企业会计准则的规定在财务报表中作出恰当列报。

（二）长期股权投资的审计要点

（1）获取企业的明细账、总账（或科目余额表）及相关资料。

（2）获取或编制长期股权投资明细表并复核。

（3）确定长期股权投资存在、分类、余额是否正确及归被审计单位所有。

（4）确定长期股权投资增减变动记录是否正确、完整。

（5）检查长期股权投资是否减值。

（6）了解长期股权投资是否存在质押、担保情况。

（7）与其他相关科目核对，编制交叉索引。

（8）与报表附注进行核对。

（9）其他需执行的程序。

任务 13-2　交易性金融资产审计

一、业务了解

交易性金融资产是指企业打算通过积极管理和交易以获取利润的债权证券和权益证券。企业通常会频繁买卖这类证券，以期在短期价格变化中获取利润。

满足以下条件之一的金融资产应当划分为交易性金融资产：①取得金融资产的目的主要是近期内出售或回购或赎回。②属于进行集中管理的可辨认金融工具组合的一部分，具有客观证据表明企业近期采用短期获利方式对该组合进行管理。③属于金融衍生工具。

二、交易性金融资产的审计目标与审计要点

（一）交易性金融资产的审计目标

（1）资产负债表中记录的交易性金融资产是存在的。

（2）所有应当记录的交易性金融资产均已记录。

（3）记录的交易性金融资产由被审计单位拥有或控制。

（4）交易性金融资产以恰当的金额包括在财务报表中，与之相关的计价调整已恰当记录。

（5）交易性金融资产已按照企业会计准则的规定在财务报表中作出恰当列报和披露。

（二）交易性金融资产的审计要点

（1）获取企业的明细账、总账（或科目余额表）及相关资料。

（2）获取或编制交易性金融资产明细表并复核。

（3）询问并核实管理层将投资划分为交易性金融资产的意图并获取审计证据。

（4）获取并查验开立股票、债券、基金等账户手续及相关文件，查验账户的合法性。

（5）获取股票、债券、基金等账户对账单，与明细账核对，必要时进行盘点或发函询证。

（6）获取股票、债券、基金等账户流水单，与明细账核对。

（7）复核交易性金融资产计价方法。

（8）抽查交易性金融资产增加或减少的记账凭证。

（9）检查有无变现存在重大限制的交易性金融资产。

（10）与其他相关科目核对，编制交叉索引。

（11）与报表附注进行核对。

（12）其他需执行的程序。

任务 13-3　短期借款审计

一、业务了解

短期借款是指企业为维持正常的生产经营所需的资金或为抵偿某项债务而向银行或其他金融机构等外单位借入的、还款期限在 1 年以下（含 1 年）的各种借款。

目前我国短期借款按照目的和用途分为生产周转借款、临时借款、结算借款、票据贴现借款等。按照国际惯例，短期借款往往按偿还方式不同分为一次性偿还借款和分期偿还借款；按利息支付方式不同分为收款法借款、贴现法借款和加息法借款；按有无担保分为抵押借款和信用借款。

短期借款的核算主要包括三个方面的内容：①取得借款的核算（企业从银行或其他金融机构借入款项时，应签订借款合同，注明借款金额、借款利率和还款时间等）。②借款利息的核算。③归还借款的核算。短期借款一般期限不长，通常在取得借款日，按取得的金额入账。短期借款利息支出，是企业理账活动中为筹集资金而发生的耗费，应作为一项财务费用计入当期损益。由于利息支付的方式不同，其会计核算也不完全一样。若短期借款的利息按月计收，或还本付息一次进行，但利息数额不大，利息费用可直接计入当期损益；若短期借款的利息按季（或半年）计收，或还本付息一次进行，但利息数额较大，则可采用预提的方式按月预提、确认和费用。

二、筹资循环的经济业务

（一）审批授权

企业通过借款筹集资金需经管理当局的审批，其中债券的发行每次均要由董事会授权；企业发行股票必须依据国家有关法规或企业章程的规定，报经企业最高权力机构（如董事会）及国家有关管理部门批准。

（二）签订合同或协议

向银行或其他金融机构融资须签订借款合同，发行债券须签订债券契约和债券承销或包销合同。

（三）取得资金

企业实际取得银行或金融机构划入的款项或债券、股票的融入资金。

（四）计算利息或股利

企业应按有关合同或协议的规定，及时计算利息或股利。

（五）偿还本息或发放股利

银行借款或发行债券应按有关合同或协议的规定偿还本息，对融入的股本根据股东大会的决定发放股利。

三、筹资循环的内部控制

(一) 适当的授权审批

企业的借款、发行债券业务必须建立授权审批制度，明确审批的管理权限。一般都是由董事会根据企业生产经营的需要，在充分论证的基础上，对有关筹资方案进行立项，并授权财务经理提交筹资计划，再由董事会审批。需要向银行或其他金融机构借入款项的，董事会应授权财会部门向银行提出借款申请，说明借款原因、借款用途、使用时间、使用计划、归还期限和归还计划等。申请发行债券时，应严格执行国家的有关法规制度，有关部门按规定备齐各种申请文件，报国家证券管理部门审批。严禁擅自集资或非法集资。债券的回购要有正式的授权程序。适当授权及审批可明显地提高借款活动效率，降低借款风险。

(二) 职责分工

借款业务中职务应分离的有：①筹资计划编制人与审批人适当分离。②筹资业务的经办人与会计记录人员分离，通常由独立的机构代理发行债券。③会计记录人员与负责收、付款的人员分离。④证券保管人员与会计记录人员分离。⑤借款业务的明细账和总账的登记分离。合理的职责分工有利于避免或减少借款业务中发生的错误或舞弊现象。

(三) 签订合同或协议

企业向银行或其他金融机构借款必须签订借款合同或协议。财会部门接受董事会授权后，应与银行或其他金融机构的代表具体商讨有关借款细节，达成意向后提交有关担保、抵押的文件，协商一致后签订借款合同。企业发行债券必须签订债券契约。其内容包括：债券发行标准；债券的确切表述；利息或利息率；受托管理人证书；登记和背书；所担保的财产；债券发生拖欠情况的处理；对偿债基金、利息支付、本金返还等的处理。

企业向社会发行债券时，应当聘请独立的证券经营机构承销或包销，且必须与其签订承销或包销协议，上述合同或协议应由专人保管。债券的发行，要由受托管理人来行使保护发行人和持有人合法权益的权利。记录应付债券业务的会计人员不得参与债券发行。

(四) 完善的实物保管控制

对于已发行的债券，企业应设置债券持有人明细账（债券存根簿），由专人负责详细记载以下内容：债券持有人的姓名或名称及住所；债券持有人取得债券的日期及债券的编号；债券的总额、票面金额、利率、还本付息的期限和方式；债券的发行日期。应由独立人员定期核对债券持有人明细账和总分类账的正确性与完整性。若这些记录由外部机构保存，则定期同外部机构核对。对未发行的债券必须预先顺序编号，由专人保管或委托外部独立机构代为保管。同时，应设立债券库存登记簿，详细记录未发行债券的动用情况。独立检查人员必须定期检查未发行债券的数量和保管情况。已收回的债券要及时注销或盖章作废，以防被非法使用。

（五）取得资金

企业向银行或其他金融机构借入的款项、企业通过发行债券所得款项应及时如数存入其开户银行。

（六）监督借款使用

取得借款后，财会部门应监督借款按规定的用途使用，不得挪作他用或不合理占用。

（七）偿还本息

财会部门应合理调度资金，保证企业按期还本付息。对于银行借款或债券，应按有关合同、协议或债券契约的规定支付利息，到期偿还本金。债券利息通常委托外部独立机构代理发放，以便加强管理。

（八）完善的会计核算制度

企业对借款业务活动应按会计准则和会计制度的规定进行会计核算与披露。保证及时地按正确的金额、合理的方法，在适当的账户和合理的会计期间予以正确记录。企业还应按有关合同、协议或债券契约的规定及时计算借款或债券利息。对债券的溢价、折价，应当选用适当的摊销方法；利息的支付必须计算正确后记入对应账户。

四、筹资循环的控制测试

这里以应付债券为例，说明筹资活动的控制测试。其控制测试的要点如下。

（一）初步了解应付债券内部控制的建立情况

对企业应付债券内部控制的初步了解，一般可以通过编制流程图、撰写内部控制说明、设计问答式调查表等方式进行。在了解时通常应注意以下问题：①企业债券发行是否根据董事会授权和有关法律的规定，是否履行了适当的审批手续；②企业债券的发行收入是否立即足额存入银行；③企业能否根据契约的规定及时支付利息；④企业能否将应付债券记入恰当的账户，并定期将明细账和总分类账进行核对；

⑤企业债券持有人明细账（债券存根簿）是否指定专人妥善保管；⑥企业债券的偿还和回购是否按董事会的授权办理。

（二）测试应付债券内部控制

审计人员初步了解了企业债券的内部控制后，应运用一定的方法进一步测试其健全有效程度。通常测试内容包括以下几方面。

（1）通过索取债券发行的有关授权批准文件，借款合同或协议，债券契约，承销或包销协议等资料。检查债券发行业务的审批权限是否适当、手续是否齐全。

（2）通过实地调查和跟踪业务的方法，检查债券业务的职责分工是否合理。

（3）通过了解债券持有人明细资料的保管制度，检查被审计单位是否将有关账目与总账或外部机构核对，是否有完善的保管制度。

（4）通过抽查债券业务的会计记录，从明细账中抽取部分会计记录，按照从原始凭证到明细分类账、总账的顺序，核对有关数据的情况，以查明企业发行债券的收入是否立即足额存入银行，债券入账的会计处理是否正确，债券溢（折）价的会计处理是否正确，企业是否根据债券契约的规定支付利息。

（5）取得债券偿还和回购时的董事会决议，查明债券的偿还和回购是否按董事会的授权进行。

（三）分析评价应付债券内部控制

审计人员在完成上述程序后，应对企业应付债券的内部控制进行分析、评价，以确定其在实质性程序工作中的影响，并针对薄弱环节提出改进建议。

五、短期借款的审计目标与审计要点

（一）短期借款的审计目标

（1）资产负债表中记录的短期借款是存在的。

（2）所有应当记录的短期借款均已记录。

（3）记录的短期借款是被审计单位应当履行的现时义务。

（4）短期借款以恰当的金额包括在财务报表中，与之相关的计价或调整已恰当记录。

（5）短期借款已按照企业会计准则的规定在财务报表中作出恰当列报和披露。

（二）短期借款的审计要点

（1）取得企业的明细账、总账（或科目余额表），所有借款合同、抵押合同、保证合同，与短期借款相关的凭证。

（2）获取或编制短期借款明细表并复核。

（3）检查短期借款本期增加、减少，检查并记录相关合同。

（4）函证短期借款及相关事项。

（5）利息测算及借款费用处理。

（6）与其他相关科目核对，编制交叉索引。

（7）与报表附注进行核对。

（8）其他需执行的程序。

任务 13-4　长期借款审计

一、业务了解

长期借款是指企业向银行或其他金融机构借入的期限在 1 年以上（不含 1 年）或超过 1 年的一个营业周期以上的各项借款。我国股份制企业的长期借款主要是向金融机构借入的各项长期性借款，如从各专业银行、商业银行取得的贷款；除此之外，还包括向财务企业、投资企业等金融企业借入的款项。

为了反映企业的各种长期借款，应设置"长期借款"账户，用来核算各种长期借款的借入、应计利息、归还和结欠情况。该账户属于负债类，其贷方登记借入的款项及预计的应付利息，借方登记还本付息的数额，期末余额在贷方，表示尚未偿还的长期借款本息数额。该账户应按贷款单位设置明细账，并按贷款种类进行明细核算。需要说明的是，预计的长期借款利息应通过"长期借款"账户进行核算，而不是计入"预提费用"账户。长期借款费用应根据长期借款的用途和期间分别计入"长期待摊费用""在建工程""固定资产""财务费用"等账户。

企业借入长期借款一般有两种方式：一是将借款存入银行，由银行监督随时提取；二是由银行核定一个借款限额，在限额内随用随借。在这种方式下，企业在限额内借入的款项按其用途直接计入"在建工程""固定资产"等账户。企业长期借款的偿还也有不同的方式，可以是分期付息到期还本，也可以是到期一次还本付息，还可以是分期还本付息。

二、长期借款的审计目标与审计要点

（一）长期借款的审计目标

（1）资产负债表中记录的长期借款是存在的。

(2) 所有应当记录的长期借款均已记录。

(3) 长期借款以恰当的金额包括在财务报表中，与之相关的计价或调整已恰当记录。

(4) 长期借款已按照企业会计准则的规定在财务报表中作出恰当列报和披露。

(二) 长期借款的审计要点

(1) 获取长期借款明细账、总账（或科目余额表）及相关资料。

(2) 获取或编制长期借款明细表并复核。

(3) 查询并核对贷款卡信息。

(4) 实施函证。

(5) 检查本期长期借款的增加、减少情况。

(6) 测算长期借款利息，检查利息支付情况。

(7) 与其他相关科目核对，编制交叉索引。

(8) 与报表附注进行核对。

(9) 需要执行的其他程序。

任务 13-5 应付债券审计

一、业务了解

应付债券是指企业为筹集长期资金而实际发行的债券及应付的利息，它是企业筹集长期资金的一种重要方式。企业发行债券的价格受同期银行存款利率的影响较大，一般情况下，企业可以按面值发行、溢价发行和折价发行债券。

二、应付债券的审计目标与审计要点

(一) 应付债券的审计目标

(1) 资产负债表中记录的应付债券是存在的。

(2) 所有应当记录的应付债券均已记录。

(3) 记录的应付债券是被审计单位应当履行的现时义务。

(4) 应付债券以恰当的金额包括在财务报表中，与之相关的计价调整已恰当记录。

(5) 应付债券已按照企业会计准则的规定在财务报表中作出恰当列报和披露。

(二) 应付债券的审计要点

(1) 取得企业的明细账、总账（或科目余额表）及相关资料。

（2）获取或编制应付债券明细表并复核。

（3）检查应付债券的增加，核对相关审批文件及收款单据。

（4）检查应付债券利息费用的会计处理。

（5）检查到期债券的偿还，核对相关原始单据。

（6）检查可转换企业债券的会计处理。

（7）向中国证券登记结算企业函证可转换债券的转股情况。

（8）对发行可转换企业债券的交易费用进行检查。

（9）与其他相关科目核对，编制交叉索引。

（10）与报表附注进行核对。

（11）其他需执行的程序。

即测即练

参考文献

[1] 周经纬,方文俊,陈伟玲. 审计实务[M]. 南京:南京大学出版社,2022.

[2] 秦荣生,卢春泉. 审计学[M]. 10 版. 北京:中国人民大学出版社,2019.

[3] 朱明. 审计实务[M]. 3 版. 大连:东北财经大学出版社,2022.

[4] 崔彪. 审计理论与实务[M]. 2 版. 北京:人民邮电出版社,2017.

[5] 李雪. 审计基础与实务学习指导书[M]. 3 版. 上海:立信会计出版社,2021.

[6] 中国注册会计师协会. 会计[M]. 北京:中国财政经济出版社,2024.

[7] 任富强. 审计实务案例与实训教程[M]. 北京:北京理工大学出版社,2018.

[8] 杨静,李俊梅. 审计学[M]. 重庆:重庆大学出版社,2021.

[9] 刘世林. 审计学基础[M]. 南京:南京大学出版社,2018.

[10] 胡智强. 审计学的理论与制度实现:以审计法的修正为背景[M]. 北京:北京大学出版社,2022.

[11] 孙含晖,王苏颖,阎歌. 让数字说话:审计,就这么简单[M]. 北京:机械工业出版社,2016.

[12] 江莹. 审计与阅读[M]. 南京:南京大学出版社,2019.

[13] 张丽. 审计学[M]. 成都:西南财经大学出版社,2020.

[14] 杜永红. 智能审计[M]. 重庆:重庆大学出版社,2023.

[15] 李传彪,叶汪霞. 审计综合模拟实训[M]. 成都:西南财经大学出版社,2020.

教师服务

感谢您选用清华大学出版社的教材！为了更好地服务教学，我们为授课教师提供本书的教学辅助资源，以及本学科重点教材信息。请您扫码获取。

▶▶ 教辅获取

本书教辅资源，授课教师扫码获取

▶▶ 样书赠送

财政与金融类重点教材，教师扫码获取样书

 清华大学出版社

E-mail: tupfuwu@163.com
电话: 010-83470332 / 83470142
地址: 北京市海淀区双清路学研大厦 B 座 509

网址: https://www.tup.com.cn/
传真: 8610-83470107
邮编: 100084